Liebe Leserin, lieber Leser!

DIE REDAKTION WAR MUTIG. Sie hat diese Ausgabe einem Heftredakteur anvertraut, der einst in sein Gipfelbuch schrieb: „Wir haben eine schöne Bergtur gemacht und viel glück mit den Wetter gehabt, den es wahr schön." Da war Tom Dauer, der spätere Redakteur/Chefredakteur von „Berge" und „Peak", sieben Jahre alt. In GEO Special führt der Bergkenner und GEO-Autor nun – stilistisch und orthografisch einwandfrei – dorthin, wo die Alpen ganz besonders spitze sind: in die bayerischen Alpen, die Dolomiten, ins Wallis, aber auch in eher unbekannte Täler wie das norditalienische Val Grande. Mit 192 753 Quadratkilometern sind die Alpen das größte Naherholungsgebiet unseres kleinen Kontinents. Das am besten erreichbare Gebirge sind sie ohnehin, erschlossen unter anderem von rund 12 000 Seilbahnen, 4000 Kilometer Fernstraßen und 300 Flugplätzen. Angesichts dieser Zahlen mag es verwegen klingen, zu behaupten, dass unsere nahe Wildnis ihre Faszinationskraft nicht verloren hat. Ja, die Menschen stauen sich bisweilen auf den Almwiesen, den Klettersteigen, manchmal gar auf dem schmalen Pfad zum Gipfel – doch ihnen lässt sich mit Leichtigkeit ausweichen. Wie Sie auf den folgenden Seiten sehen werden: Es gibt zwischen München und Mailand genügend Platz für Blumenschnupperer und Extremkletterer, für Spaßsüchtige und Einsamkeitssuchende. Und unbedingt auch für Sie. Auf dass Sie in diesem Sommer ausnahmsweise nicht Ihr Fernweh, sondern Ihr „Nahweh" stillen.

Herzlich Ihre

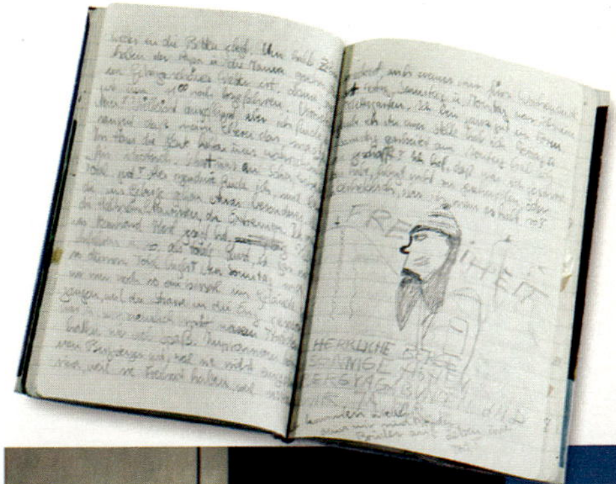

Ein Hoch auf das Gipfelbuch:
Tom Dauer (mit Mütze) hält damals wie heute jede seiner Wanderungen fest. Autorin Katja Trippel und Fotograf Ralf Gantzhorn, unser Hütten-Kenner, haben sich ebenfalls verewigt: die eine am Gipfel des Falkenkopfs, der andere auf dem Höllentalgrat

Mehr Informationen finden Sie unter www.geo-special.de/alpen

38

NEBELHORN STATT NANGA PARBAT: Autorin Katja Trippel erlebt die neue Lust auf Fernwandern in der Nähe

102

BAUERN-TSCHÄSS: Wie der Südtiroler Herbert Pixner die Volksmusik revolutioniert

108

PFIFFIGE TIERE UND PFLANZEN: Die Überlebenstricks von Murmeltier und Co.

THEMEN

RUBRIKEN

dossier

service

TITEL: MICHAEL PEUCKERT, MATTERHORN, WALLISER ALPEN

REDAKTIONSSCHLUSS: 12. MÄRZ 2010

WO BERGE TÄLER KÜSSEN

Der majestätischen Anmut der Alpen kann sich niemand entziehen. Vor allem wenn die Berge im Sommer eine Schleppe aus Blumenwiesen tragen

Ihre Schönheit ist jetzt amtlich: die Dolomiten, hier bei Sexten in Bozen

SCHNEE VON GESTERN

Die Bergsommer werden länger und wärmer – was Touristen wie Einheimische allmählich zum Umdenken bringt

LANGE, DAS MUSS MAN ANERKENNEND SAGEN, war auf die Alpen Verlass. In der kalten Jahreszeit stand der Gast in einer Landschaft, die aussah wie mit tausend weißen Tüchern bedeckt, und er traf in den Gaststuben auf Hersteller von Schneekanonen, denen ein harscher Winter wieder einmal das Geschäft verhagelt, vielmehr verschneit hatte. Die Alpen waren ein Symbol für Beständigkeit. Nun aber hat sich das Klima gewandelt und mit ihm Europas größtes Gebirge. Denn innerhalb der vergangenen 120 Jahre ist dort durch die Erderwärmung die Temperatur im Schnitt um zwei Grad gestiegen, mehr als anderswo. Folge: Die Sommer zwischen Innsbruck und Bozen werden länger, und selbst der oft wenig geschätzte Schnee von gestern könnte bereits morgen nicht mehr da sein. So manche tiefer gelegene Wintersportregion sieht schon ihre Marktanteile dahinschmelzen und setzt mit Macht auf die warme Jahreshälfte: Radeln statt Rodeln, Lifting statt Liften. Zügiges Umdenken scheint ratsam, denn kürzlich wurde gar auf einer Bergspitze aus der Sahara angewehter Sand gefunden. Nur ein paar Körner zwar, doch würde sich dieser Import aus dem Süden verstärken, fiele der Blick aus der Pension vielleicht irgendwann auf Dünen.

GEADELTE GIPFEL

Die italienischen Dolomiten dürfen sich mit einem neuen Titel schmücken: Sie zählen zum UNESCO-Weltnaturerbe

WELTNATURERBE WIRD MAN NICHT SO LEICHT. Deutschland kann lediglich mit der an Fossilien reichen Grube Messel bei Darmstadt und dem Wattenmeer aufwarten. Im gesamten Alpenraum dürfen sich bisher nur die Regionen Jungfrau-Aletsch-Bietschhorn, Monte San Giorgio und Sardona als ein natürliches Welterbe schmücken, alle auf Schweizer Boden. Doch nun hat die UNESCO auch die italienischen Dolomiten als „einzigartige Gebirgslandschaft von außerordentlicher Schönheit" geadelt – und die wuchtigen Bergzacken um die 3343 Meter hohe Marmolada damit auf eine Stufe mit Grand Canyon, australischem Great Barrier Reef und Galápagos-Inseln gestellt. Dem Welterbe-Titel war ein zwölfjähriger Antragskrimi vorausgegangen: Lange konnten sich die beteiligten fünf Provinzen nicht auf ein Gebiet einigen, Rückschläge, Schlichtungsrunden, hinzu kamen bürokratische Blockaden im Bewerbungsverfahren. Bleibt zu hoffen, dass Bozen-Südtirol, Trient, Belluno, Udine und Pordenone daraus gelernt haben. Denn ein UNESCO-Titel kann auch Bürde sein: Er lockt oft mehr Touristen in eine Landschaft, die eigentlich strenger geschützt werden soll. Und dass ein Welterbe-Status weit schneller aberkannt als errungen werden kann, hat Dresden mit einem Brückenprojekt erfahren.

FUNDSTÜCK

FENSTERBANK-EDELWEISS

BEREITS IM JAHRE 1879 tat ein Autor seine Abscheu darüber kund, dass das Edelweiß, als „gern gesehene Liebesgabe kühner Jäger oder von muthigen Gebirgssteigern als Trophaee überstandener Gefahren am Hute getragen", zu einem „schnöden Verkaufsartikel herabgesunken" sei. Wie würde erst der heutige Verkaufsschlager den Blutdruck des guten Mannes nach oben treiben: *Leontopodium nivale*, die „vollkommenste Komposition im Reiche Floras" für die heimische Fensterbank. Verpackung aufreißen, befeuchten, säen, vier Tage warten – und schon wächst der Stern der Alpen wie Yucca und Gummibaum in einem unwürdigen Blumentopf. Auf 1,30 statt auf 3000 Metern. Ganz ohne Bergluft. Derart umgetopft wurde das Edelweiß, Familie der Korb- und nicht Topfblütler, schon einmal: Ursprünglich ein Kind des heißen Zentralasiens, zog es nach der letzten Eiszeit von den weiten Steppen in die Alpen um. Wo es sich weiterhin mit dem Flaum seiner oft fälschlicherweise für Blüten gehaltenen Blätter vor dem Verbrennen zu schützen sucht. Offenbar aber waren Fasern von 0,18 Mikrometer Durchmesser nicht genug, um sich der größten Gefahr zu erwehren: 1886 wurde das Edelweiß in Österreich unter Naturschutz gestellt. Pflücken seither strengstens verboten. Was allerdings nicht für das Gewächs im Tontopf gilt. Das kann man ernten, wann immer man will.

*Das **Edelweiß im Tontopf** ist für 6,90 € zu haben, und zwar bei Edelweiß-Souvenir unter www.edelweiss-souvenir.de/waren/bayernallerlei -> Echtes Edelweiss.*

ZAHLEN, BITTE!

„Es sind keine Worte für die Größe und Schöne dieses Anblicks. Man gibt da gern jede Prätension ans Unendliche auf, da man nicht einmal mit dem Endlichen im Anschauen und Gedanken fertig werden kann."

Johann Wolfgang von Goethe beim Anblick des Mont Blanc

Die höchstgelegene ständig bewohnte Siedlung der Alpen: Juf auf **2126** Metern, im Averstal, Kanton Graubünden. Ganzjährig ist sie Heimat für rund 30 Menschen.

In den vergangenen Jahrzehnten sind **68** von **73** Alpengletschern auf die Hälfte ihrer einstigen Ausdehnung geschrumpft.

Der längste Gletscher der Alpen: der Aletschgletscher mit **23** Kilometer Länge. Seine Oberfläche beträgt **86** Quadratkilometer (was der Fläche Würzburgs entspricht), sein Gewicht rund **27** Milliarden Tonnen. Spektakulär: Der US-Künstler Spencer Tunick fotografierte hier **600** nackte Fotomodelle – als Kunstaktion gegen den Klimawandel.

Nur für Schwindelfreie: Die neue Gipfelplattform am Stubaier Gletscher in **3210** Meter Höhe ragt neun Meter über den Abgrund hinaus. Vom „Top of Tyrol" sieht man **109** Dreitausender.

Die steilste Standseilbahn Europas: Die Gelmerbahn fährt mit maximal **106** Prozent Steigung die Strecke vom Haslital im Schweizer Kanton Bern zum Gelmersee.

Das bekannteste Alpenkind? Immer noch: das Heidi. Das Werk von Johanna Spyri wurde mittlerweile rund **50** Millionen Mal verkauft und in etwa **50** Sprachen übersetzt.

Viertausender sind die höchsten Berge der Alpen. Nach der Definition der Union Internationale des Associations d'Alpinisme gibt es in den Alpen **82** Viertausender. Davon **55**, die komplett entweder zu Italien, Frankreich oder der Schweiz gehören, und **27**, über die eine Grenze verläuft.

Zarte Alpenüberquerer: Distelfalter, Schmetterlinge mit einer Spannweite von **5** bis **6** Zentimetern. Im Sommer ziehen sie zu Tausenden über das Gebirge Richtung Deutschland.

Die Zugspitze, mit **2962** Metern Deutschlands höchster Berg, war einst erheblich größer: Vor 3700 Jahren brach ein **900** Meter hoher Felskeil aus der Nordflanke, fast **400** Millionen Kubikmeter Geröll rasten zu Tal. Um die Trümmer wegzuschaffen, bräuchte man einen Güterzug von **50 000** Kilometer Länge – mehr als der Erdumfang.

Der **1896** gegründete Deutsche Alpenverein zählt etwa **815 000** Mitglieder in **354** Sektionen – sogar in Flensburg, Berlin oder Mainz; seine Mitglieder betreuen rund 20 000 Kilometer Wege und Steige.

Die Netzweide *Salix reticulata* gilt als einer der kleinsten Bäume der Alpen. Wuchshöhe des Zwergstrauchs: zwischen **5** und **10** Zentimetern.

1949 verschwand ein Student in den Osttiroler Alpen. Freundin und Tochter blieben zurück. **54** Jahre später gab ein Gletscher die Leiche frei. In einer Tasche fand sich der Beweis einer großen Liebe: zwei Eheringe.

95 Prozent der Alpenbevölkerung leben heute unterhalb der **1000**-Meter-Grenze.

Der Wille zum Sieg
Erleben Sie die einzigartige Atmosphäre der Commonwealth Spiele in Indien.
3.–14. OKTOBER 2010
Incredible India
www.incredibleindia.org

Gerichte-Küche

DER OCHS VOM BERGE

Wie man sich bettet, so liegt man: In diesem Fall darf es sich der Sonntagsbraten auf einem Lager aus Heu und Bergkräutern bequem machen

HEU HAT EIN IMAGEPROBLEM. Als staubtrockenes Viehfutter gilt es meist – und dabei wird schmählich übersehen, welche verborgenen Kräfte gerade im Gras ungedüngter Alpenwiesen stecken. Wer im Heu schläft, bekommt weniger Muskelkater; als warme Packung lindert es Bauchgrimmen, Nieren- und Kreuzleiden; im Badewasser wirkt es entspannend. Was bei genauerem Hinsehen nicht weiter verwundert: Auf mancher Almwiese gedeihen rund 70 verschiedene Pflanzenarten, die bis zu 1000 Wirkstoffe entfalten können. Das Beste daran: Heu heilt nicht nur, es schmeckt auch. Jedenfalls der Sud, den man aus einer Kombination von Weideochs und Almheu köcheln kann. Eine moderne Idee verrückter Jungköche? Keineswegs, nur leicht in Vergessenheit geraten. Seit Generationen wickelt man in den Bergen Schinken in Heu, setzt Heulikör auf oder rührt Heusuppe. Wonach die Wiese auf dem Teller schmeckt, lässt sich ganz einfach auf den Punkt bringen: nach Sommer in den Alpen.

Das Rezept für den Heuochsenbraten finden Sie im Internet unter www.geo-special.de/alpen

Drei Fragen an …

▸ **HELMUT MÜLLER**

Chef der Input Projektentwicklungs GmbH

GEO SPECIAL: Sie bauen Hängebrücken zwischen Berggipfel, 80 Stundenkilometer schnelle „Sky Glider" und Fun-Parks in die Täler. Warum?

HELMUT MÜLLER: Der Mensch will unterhalten werden. Früher reichte ihm die Natur als Highlight, heute nicht mehr. Ich vergleiche das mit einem Schauspielhaus: Die Natur ist eine Bühne, die bespielt werden muss. Egal welches Theater Sie besuchen: Wenn dort keine Aufführung stattfindet, wird es nach kurzer Zeit langweilig.

GS: Ihre Firma, sagen Sie, habe für jeden Berg eine Vision. Wollen Sie die Alpen zum Disneyland machen?

HM: Alles, was wir machen, geschieht im Einklang mit der Natur. Wir sägen uns doch nicht selbst den Ast ab, auf dem wir sitzen. Im Gegenteil: Wir versuchen, die Natur noch schöner zu machen.

GS: Und wohin gehen die Menschen, die nur die Aussicht genießen wollen?

HM: Nicht jeder Berg ist für einen Sommer-Erlebnis-Tourismus geeignet. Wir versuchen also, möglichst viele unberührt zu lassen. In den Alpen sind etwa drei bis fünf Prozent der Fläche Skipisten. Darauf konzentriert sich unsere Arbeit. Mit dem Ziel, die Infrastruktur, die in der Regel nur im Winter genutzt wird, 365 Tage im Jahr mit Leben zu füllen. Damit sammeln wir die Masse an wenigen Orten. Das ist besser, als wenn jeder kreuz und quer durch die Berge zieht.

SCHUBKRAFT

Eine Frau verbrennt rund 400 Kilokalorien pro Stunde beim Bergwandern, ein Mann 600. Welcher Snack bringt auf den Gipfel?

1 BANANE, 130 g, rund 120 kcal: Eine Banane hat zu wenig Mumm. Wer drei Bananen futterte, wäre gerüstet. Aber wer will das schon?

1 HALBE TAFEL SCHOKOLADE, 50 g, rund 250 kcal: Auch eine halbe Tafel Schokolade reicht nicht zum Gipfelglück. Also eine ganze Tafel essen? Besser nicht: Nach einem kurzen Energieschub durch den Einfachzucker stürzt der Blutzuckerspiegel jäh ab.

1 SCHEIBE MISCHBROT, 50 g, **BUTTER,** 10 g, **SPECK,** 75 g, **GEWÜRZGURKE,** 20 g, rund 650 kcal: zu heftig. Diese Fettbombe ist ziemlich schwer verdaulich, der Körper schickt das Blut in den Magen, nicht in die Muskeln. Ideal wäre, sagt die Ernährungswissenschaftlerin Barbara Erber:

1 STÜCK OBST ALS VORSPEISE, denn das geht schnell ins Blut und liefert Vitamine. Dazu **1 SCHEIBE VOLLKORNBROT** mit Senf oder Tomatenmark statt Butter, belegt mit Käse statt Speck: stellt Ballaststoffe parat. Und **1 RIPPE NUSSSCHOKOLADE:** liefert Magnesium und Ballaststoffe. Macht zusammen rund 500 kcal.

UNTEN OHNE ÜBER DIE ALPEN

Der Bayer Martl Jung lässt bei seinen Bergwanderungen die Schuhe zu Hause – und wird so zum Vorläufer einer neuen Barfuß-Bewegung

ACHT JAHRE IST ES HER, dass er seinen überhitzten Füßen während einer Wanderung frische Bergluft verschaffte – und er war erstaunt, wie weit er ohne Schuhe kam. Nun hat Martl Jung barfuß die Alpen überquert, als erster Mensch der Neuzeit. In vier Wochen marschierte er ohne Schuhe von München nach Verona, überwand auf der 500 Kilometer langen Strecke 30 000 Höhenmeter. „Bergauf bin ich grundsätzlich schneller, weil ich keine Masse an den Füßen trage", sagt Jung. „Allerdings kann der Abstieg im Geröll schmerzhaft sein, wenn der Abrieb zu groß und die Haut zu dünn wird." Der 42-Jährige geht auch „unten ohne" einkaufen oder arbeiten – als Fotograf. Eine kostenlose Fußreflexzonenmassage sei das, sie mache ihn konzentrierter. Positive Effekte, die auch schon andere vor ihm erkannt haben. Inzwischen gibt es eine regelrechte Barfuß-Wanderbewegung: www.barfuss.net. Nachahmern rät Jung, auf Wiesen, Wald- und Granitwegen zu beginnen und für den Abstieg leichte Schuhe einzupacken – das macht er auch, wenn er nicht gerade einen neuen Rekord aufstellt. Denn: „Wenn es richtig wehtut, hört für mich der Spaß auf."

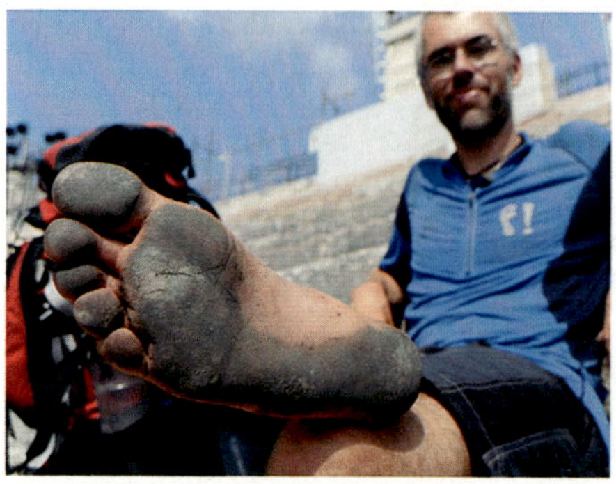

Schmutzige Sohlen, reines Vergnügen: Martl Jung, Barfußgänger aus Passion

Luxus Bergsommer
All inclusive
www.rotewand.com
Bergsommer
All inclusive
ab € 794,- p.P.
für 7 Nächte all inclusive – Vollpension mit Frühstück, Mittagsmenü, Nachmittagsimbiss, 5-Gang Wahlmenü am Abend, alle Getränke (außer Spirituosen), 1.500 m² Red Spa mit Out- und Indoor-Pool, Red Beauty, Kinderbetreuung mit Abenteuer-programm, geführte Wanderungen, Lech Active Inclusive Card …
Tel +43(0)5583 34350
Walch's
ROTE WAND
Alpen Sport Resort
Lech Zürs
ARLBERG

HÖHEPUNKTE

Wenn die Alpen im Sommer sämtliche Facetten ihrer Schönheit offenbaren, werden die Berghütten zu Wolke sieben. Urige Lager oft, doch wer braucht schon Luxus, wenn das Panorama fünf Sterne hat? GEO Special führt auf den folgenden Seiten und ab Seite 125 zu Refugien, die allen Schweiß des Aufstiegs lohnen

WEISSHORNHÜTTE, SCHWEIZ

auf 2932 Metern

Letzter Ruhepol vor dem Gipfelsturm auf das Weisshorn, erste Adresse für atemraubende Rundumsicht auf 19 Viertausender im Wallis: die Weisshornhütte, die in ihrer mehr als 110 Jahre währenden Geschichte bereits zahllosen Lawinen und Steinschlägen trotzte und heute – sicheren – Platz für 30 Wanderer bietet

MEMMINGER HÜTTE, ÖSTERREICH

auf 2242 Metern

In der Hochsaison muss man hier auf den Lagern zwar eng zusammenrücken, und die Duschen bleiben oft so kalt wie das Wasser des Unteren Seewisees. Innere und äußere Werte hat die am Fernwanderweg E5 gelegene Hütte aber durchaus: einen selig machenden Ausblick. Und ein junges Team, das täglich köstliche Kuchen backt

NEUE MONTE-ROSA-HÜTTE, SCHWEIZ

auf 2883 Metern

Die Hütte der Zukunft ist seit März 2010 Gegenwart – und glänzt mit ihrer Aluminiumhaut oberhalb von Zermatt. Einer der komplexesten Holzbauten der Schweiz, der sich und seine 120 Schlafplätze fast gänzlich aus eigener Energie versorgen soll. Kostenpunkt des hochalpinen Spitzen-Projektes: 4,5 Millionen Euro

RIFUGIO-PREUSS-HÜTTE, ITALIEN

auf 2243 Metern

Im Schutze der rund 2800 Meter hohen Vajolettürme, eines Treffpunkts für Sportkletterer: die Preuß-Hütte. Sie ist nach Paul Preuß benannt, dem Vater des stilreinen Kletterns und einem Erstbegeher zahlreicher Routen, der seine Leidenschaft letztlich mit dem Leben bezahlte. Er wurde nur 27 Jahre alt

WATZMANNHAUS, DEUTSCHLAND

auf 1930 Metern

Bereits seit 1888 können Wanderer auf dem Falzköpfl rasten, bevor sie sich an Deutschlands dritthöchsten Berg wagen. Mit rund 8000 Übernachtungen jährlich zählt die Hütte zu den beliebtesten des Deutschen Alpenvereins. Wer zu spät kommt, muss mit dem Notlager vorliebnehmen – für fünf Euro die Nacht

BIVACCO CARNIELLI, ITALIEN

auf 2010 Metern

Dass alte Schachteln durchaus ihren Charme haben können, werden hier nur geübte Kletterer erfahren. Der Weg zur simplen Biwakhütte unterhalb der Spiz-di-Mezzo-Westwand gilt als schwierig. Wer ihn wagt, sollte unbedingt Trinkwasser mitnehmen. Er muss sonst zu einer Wasserrinne kraxeln: 30 Minuten bergab

RIF. A. LOCATELLI ALLE TRE
DREIZINNENHÜTTE

DREIZINNENHÜTTE, ITALIEN

auf 2438 Metern

Den Paternkofel im Rücken, die Nordseite der Drei Zinnen voraus – dieses Panorama sowie der einfache Zugang über eine asphaltierte Mautstraße machen das Haus in den Sextener Dolomiten zu einem der meistbesuchten überhaupt. Wer dem Trubel entwandern möchte: Ein Rundweg, knapp fünf Stunden, führt um den Gebirgsstock herum

PANORAMAKARTE

LIGURISCHES MEER
Monaco
Nizza
Marseille
Imperia
Aix-en-Provence
Monte Argentera
3297
Durance
Genua
Cuneo
Sisteron
Monte Viso
3841
Gap
Alessandria
Ecrins 4102
Turin
Sestriere
Les Deux Alpes
Po
Grenoble
Romans-sur-Isère
Novara
Courchevel
Gran Paradiso
4061
Biella
Mont Blanc
4810
Aosta
Dufourspitze
4634
Albertville
Matterhorn
4478
Lago Maggiore
Chamonix
Rhone
Zermatt
Annecy
Lyon
Sion
Brig
Genf
Finsteraarhorn
4274
Gstaad
Genfer See
Interlaken
Lausanne
Thuner See
Saône
Vierwaldstätter See
Luzern
Bern
Neuenburger See
Biel
Frankreich
Basel
S
Dijon
Mülhausen
Freiburg
KOMPASS

Alpen à la Karte

Das höchste Gebirge Europas ist viel mehr als ein gewaltiges Ausrufezeichen der Natur: Vielvölkerterritorium, Urlaubsziel, Refugium für seltene Tierarten, Schauplatz eines fast babylonischen Sprachengewirrs. Wer sich nach ein wenig Orientierung sehnt – diese sechs Karten weisen den Weg

KARTEN ¬ **THOMAS WACHTER** TEXT ¬ **LISA HEMMERICH**

Gebirgszüge

KNAPP 200 000 QUADRATKILOMETER GROSSARTIGKEIT: Kein anderes Gebirge prägt und formt Europa wie die Alpen. In schwungvollem Bogen trennen sie Italien vom Rest Europas, rund 1000 Kilometer lang, bis zu 250 Kilometer breit. Deutschland, Frankreich, Italien, Liechtenstein, Monaco, Österreich, Schweiz und Slowenien teilen sich das Gebiet – wobei Österreich mit 28,5 Prozent der Alpen prozentual am gewichtigsten ist, gefolgt von Italien (27,2 Prozent) und Frankreich (20,7 Prozent). Die höchsten Berge, im Mont-Blanc- und Monte-Rosa-Massiv, liegen in den Westalpen. Die Ostalpen, um einiges niedriger, bieten ihrerseits die meisten Transitpässe: Zugangspforten für die beliebten Gebirgskämme der Dolomiten, Ötztaler und Zillertaler Alpen.

Arbeitsplätze im Tourismus

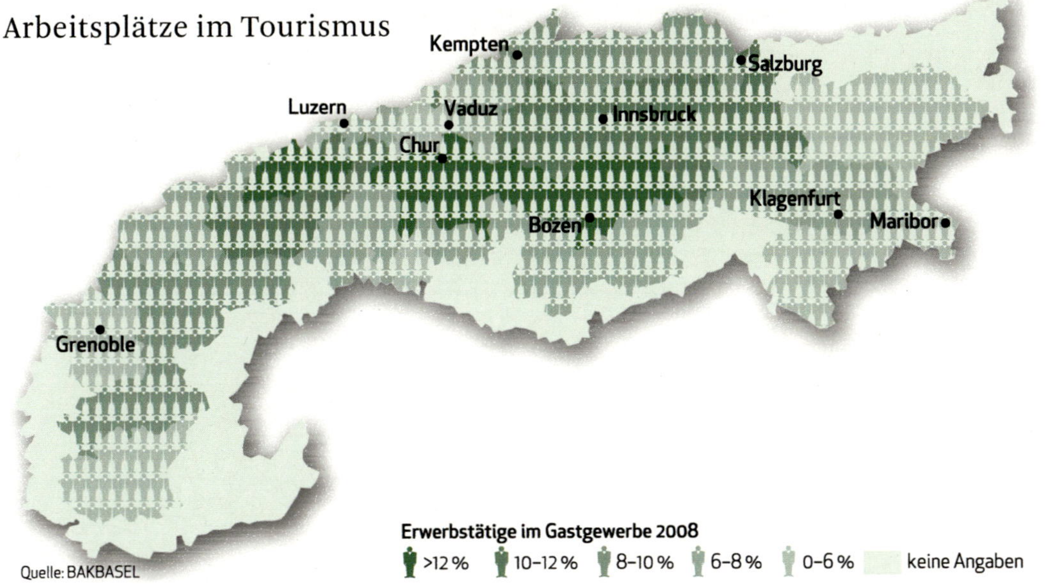

Quelle: BAKBASEL

MEHR ALS 100 MILLIONEN BESUCHER UND 400 MILLIONEN ÜBERNACHTUNGEN werden im Alpengebiet jedes Jahr gezählt – was nicht nur die Natur, sondern auch den Arbeitsmarkt prägt: Insgesamt leben etwa 15 Prozent der Einheimischen direkt oder indirekt vom Tourismus; im Berner Oberland, in Graubünden, Tirol, Salzburg und Südtirol sind die Gäste gar Haupteinnahmequelle. Jede zehnte Alpengemeinde finanziert sich fast ausschließlich durch den Tourismus. Saisonkräfte haben hier gute Chancen auf einen Job: 2009 vermittelte die deutsche Bundesagentur für Arbeit 5300 Kellner, Köche, Rezeptionisten, aber auch Maurer nach Österreich und in die Schweiz, Tausende haben ohne Hilfe Jobs gefunden. Einstiegsgehalt: rund 1200 Euro netto plus Kost und Logis.

Urlaubsorte

WER GLAUBT, DIE MEISTEN ALPENGÄSTE KÄMEN IM WINTER, DER IRRT: Im Sommer sind die Touristen zahlreicher, mehr zahlen jedoch die Winterurlauber. So halten sich die Einnahmen in beiden Jahreszeiten ungefähr die Waage, die Urlaubsziele aber sind völlig unterschiedlich. Der Sommersieger im Vorjahresvergleich, gemessen an Übernachtungszahlen, Hotelpreisen, Auslastung, ist das eidgenössische Luzern: Rund 670 000 Urlauber kamen in die Stadt am Vierwaldstätter See. Das Erfolgsrezept: gut ausgebaute Wanderwege, Bergbahnen, Terrains für Mountainbiker, Badeseen und Kletterreviere. Im Winter machte Lech-Zürs mit rund 856 000 Übernachtungen das Rennen. Auffällig in der Schneesaison: Die sieben Siegerdestinationen liegen allesamt in Österreich.

Quelle: BAKBASEL

Wasserscheiden

Quelle: Bätzing, Institut für Geographie der Universität Erlangen-Nürnberg, NASA

DIE ALPEN SIND DER REGENFÄNGER EUROPAS: Ihre hohen Bergkämme zwingen Luftmassen, die vom Atlantik oder vom Mittelmeer kommen, zum Aufsteigen und Abregnen. Während im übrigen flachen Europa jährlich durchschnittlich 660 Millimeter fallen, sind es in den Alpen mehr als doppelt so viel: 1450 Millimeter. Gut ein Drittel verdunstet, zwei Drittel fließen ab – und versorgen so nicht nur die örtliche Bevölkerung und die Landwirtschaft, sondern auch große Metropolen, vor allem in Norditalien und Süddeutschland. Die Karte zeigt den Verlauf der wichtigsten Wasserscheiden sowie die jeweiligen Abflussmengen Richtung Nordsee, Mittelmeer und Schwarzes Meer. Insgesamt fließen jährlich rund 216 Milliarden Kubikmeter zu Tale, das entspricht mehr als dem Vierfachen des jährlichen Wasserverbrauchs in Deutschland.

Nationalparks

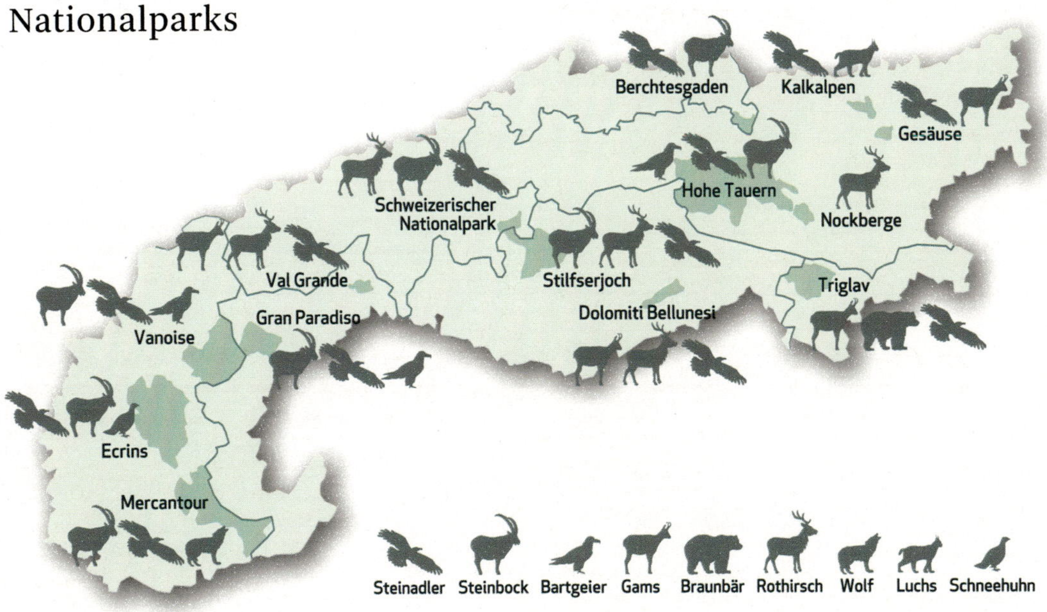

14 NATIONALPARKS zählen die Alpen – vom 1834 Quadratkilometer großen Nationalpark Hohe Tauern bis zum 146 Quadratkilometer kleinen Val Grande. Rückzugsraum für schätzungsweise 30 000 Tierarten. Hier zu sehen ist, welche Arten für welchen Park besonders prägend sind. Häufigkeit allein zählte nicht, sonst hätte wohl das Murmeltier die Karte eingenommen. Selten dagegen: der Luchs – ein Männchen allein kann 20 000 Hektar Revier beanspruchen. Ebenfalls selten: der Braunbär. In ganz Österreich leben vermutlich noch zwei Exemplare.

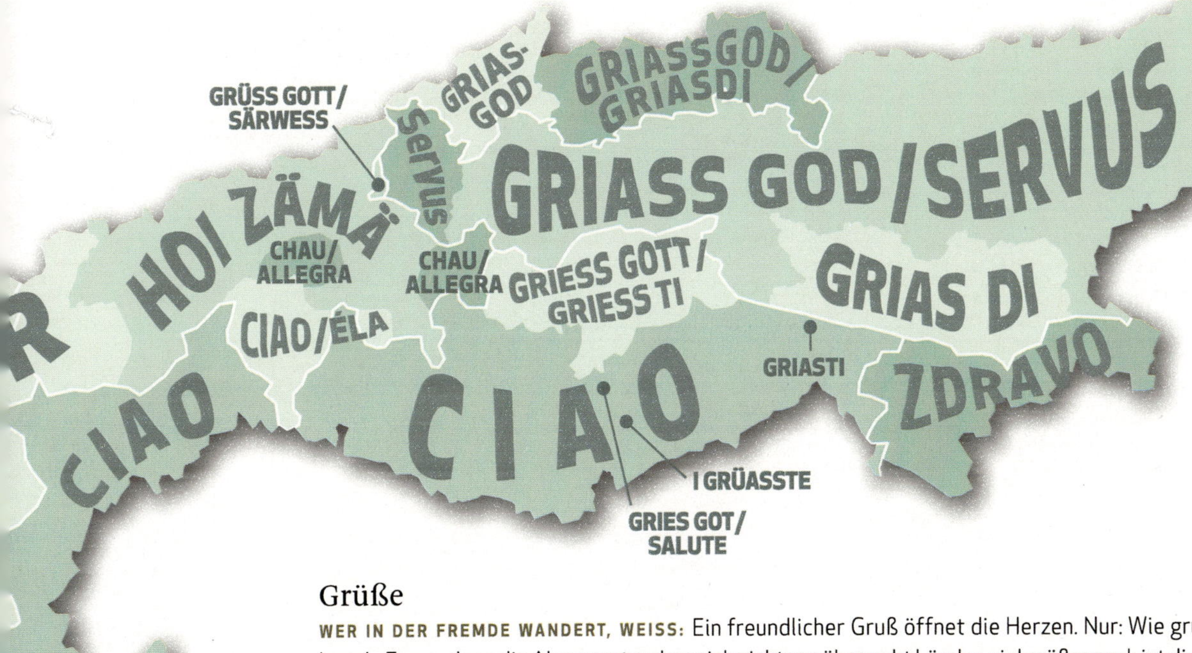

Grüße

WER IN DER FREMDE WANDERT, WEISS: Ein freundlicher Gruß öffnet die Herzen. Nur: Wie grüßt man wo? Keine banale Frage, denn die Alpen erstrecken sich nicht nur über acht Länder, viel größer noch ist die Zahl der Sprachen und Dialekte. Vier Landessprachen sind es allein in der Schweiz; darunter das Rätoromanische, das fünf Grußarten kennt. Die Karte verzeichnet die gängigsten umgangssprachlichen Wendungen, die ab einer Höhe von 2000 Metern angebracht sind. Denn ab dort darf sowieso jeder geduzt werden, ein beherztes „Grias di" ist also kein Fauxpas. Und zum Abschied? Die passende Formel finden Sie unter *www.geo-special.de/gruesse*. Verraten sei schon, dass die charmanteste Verabschiedung aus Österreich kommt: „Tschüs pfiat di baba."

Grenzerfahrung: Während Autorin Katja Trippel noch etwas vor sich hat, sind andere schon auf Deutschlands Dach angekommen: der Zugspitze. Die meisten sind allerdings mit Seil- und Zahnradbahn angereist

Heimattrekking

Nebelhorn statt Nanga Parbat, Mittenwald statt Mount Everest. Ein Weitwanderweg, die Via Alta Bavarica, führt in 22 Tagen vom Karwendel ins Allgäu durch die bayerischen Alpen. Und zu einer neuen Lust auf Naheliegendes

FOTOS ¬ SOPHIE HENKELMANN TEXT ¬ KATJA TRIPPEL

WELCHE SPRÜCHE sollte man seinem Bergführer nie glauben? 1. Wenn Engel wandern, regnet's nia. 2. Heid werd's locka, auf hoiba Streck kemma ei'kehrn bei da Sennerin. 3. Glei hinta da Kuppn steht de Hüttn.

Am ersten Morgen unserer Alpen-Wanderung sind wir noch besten Glaubens. Gleich zum Entree hat uns Achim Chwaszcza zu einem Logenplatz vor Oberbayerns Hochgebirgskulisse gelotst: Wie Nashornrücken türmen sich die Massive von Karwendel und Wetterstein auf. Die Sonne strahlt, musikalisch untermalt von einem Schafsglockenkonzert. „Samma fesch? Fesch samma!", ruft Achim und „Genießts die Blumen, in der Höh ist's vorbei damit!" Wir marschieren los in der Gewissheit: Wir haben Großes vor.

Kaum guckt jedoch zwischen den Gipfeln von Hochblassen, Alpspitz und Waxenstein die Zugspitze hervor, zieht Nebel auf. Und auf dem „Königsweg" hinauf zum Schachenhaus, dem Bergschlösschen von Bayerns legendärem König Ludwig II., sehen wir statt Wetterstein nur: Wetter. Graue, nasse Wolken, die wie aufgebauschte Vorhänge links und rechts des Pfads vom Himmel hängen. Die von Achim genährte Hoffnung auf ein Stück Apfelkuchen bei der Sennerin platzt auf 1464 Höhenmetern. Die Alm ist geschlossen. Es folgen unendlich sich windende Kurven und zahllose weitere leere Versprechungen. Endlich, längst nehmen wir unserem Bergführer kein Wort mehr ab, weht der Wind doch noch Kuchenduft zu uns hinüber, und kurz darauf ragt das Schachenhaus aus dem Nebel.

Wir sind aufgebrochen zum Heimattrekking. Tagelang wollen wir quer durch Bayern wandern, von Garmisch übers Allgäu bis nach Oberstaufen. Eine Expedition in ferne Nähe – so hat es Achim Chwaszcza angekündigt, ein Münchner Weltenbummler, 53 Jahre alt, rotes Tuch um die Stirn und Perlen aus Peru ums Handgelenk. Auch für ihn ist die Tour eine Premiere. Nach Jahrzehnten in den Bergen aller Kontinente will er endlich vor der Haustür Gruppen führen; Karwendel statt K2, Nebelhorn statt Nanga Parbat. „Exotik find ma a dahoam. Hauptsach, de Augn san offn!"

Drei Wochen dauert die komplette Durchquerung der bayerischen Alpen, organisiert vom Summit-Club, der Reiseagentur des Deutschen Alpenvereins. Unsere Gruppe hat zwei Teilabschnitte gebucht. Gaby, in den Bergen wird geduzt, seit Kurzem Ärztin i. R., will als Start in ihren Ruhestand die Münchener Tagesziele zwischen Voralpenland und Hochgebirge in einem Marsch verbinden. Patricia und Axel, ein deutsches Pärchen aus New York, hoffen, hier ihr Heimweh stillen zu können. Michael, ein Marathoni mit entsprechenden Waden, sucht beim Wandern eine „sinnliche" Herausforderung; Christian, Exmanager mit Getreidemühle und homöopathischer Reiseapotheke im Rucksack, einfach nur Begleiter.

Die letzte Etappe auf die deutsche Rekordhöhe von 2962 Metern führt über die von Gletschern geformten Karstflächen des Zugspitzplatts. Eine Etage tiefer, in der Reintalangerhütte, sorgte Charly Wehrle jahrzehntelang dafür, dass es Gipfelaspiranten wirklich bis ganz nach oben schafften

Was uns vereint? Auf den ersten Blick nicht viel – außer der Lust am Wandern, ohne alle zehn Minuten selbst den Weg auf der Karte suchen zu müssen. Am Ofen in der Schachenhütte, mit trockener Kleidung und erwärmt durch einen Grog, bekommen wir es aber schnell heraus: Achims so simpel klingende Idee, einfach vom Bahnhof ins nahe Gebirge loszulaufen, hat uns begeistert. Ein Plan, den jeder schon lang hegt, aber irgendwie nie in die Tat umsetzte, weil Nepal oder Peru näher erschienen.

An der Schachenhütte helfen offene Augen überhaupt nichts. Alpines Panorama? Nur Sekunden gibt der Nebel mehr als zwei Meter Sicht frei. Dafür sorgt der Bayernkönig für Exotik. Hinter der Holzfassade seiner 1869 erbauten Villa treten wir in eine Märchenwelt, wie sie Michael Jackson nicht bizarrer hätte erschaffen können: Diwane, ein Brunnen, bunte Teppiche und Fenstermosaike simulieren einen maurischen Salon. „Orientalisch-alpiner Schwulst", kommentiert Achim leise genug, um den Ludwig-treuen Schlossführer nicht zu verstimmen.

Nach „Kasspatzn" und drei Runden Enzians können wir von Diwanen unter blau-goldenem Sternenhimmel freilich nur träumen: Zweimal vier Meter Matratze für jeweils sechs Personen – das ist unser Lager. Ich ziehe die schwere Hüttendecke über mich, in meiner Nase gärt der Fremde-Socken-Geruch. „Hier schnarcht koana!", verkündet Achim beim Gutenacht-Sagen. Sophie, meine Begleiterin, seufzt. Schwärmte der Publizist Ulrich Grober in seinem Kultbuch „Vom Wandern" nicht, der zeitweilige Entzug von Komfort habe eine befreiende Wirkung? Na ja, schließlich drückt die Müdigkeit mit Wucht auf unsere Augenlider.

Den nächsten Tag beginnt Achim mit einem „Alpinen Lauftraining" für uns. „Wie lautet das Geheimnis entspannter Bergsteiger?", fragt er und gibt die Antwort selbst: „Mit dem Kopf in Einklang kemma." Also lernen wir die Grundregeln: Kleiner Schritt hält dich fit, großer Schritt nimmt →

PEAK

dich mit. Steile Hänge mit Sidesteps überlisten. Nicht durch ständiges Pausieren den Kreislauf hoch- und runtertreiben, sondern im Gehen Erholung suchen. Die Wanderstöcke beherzt einsetzen „und bloß ned wia de City-Schneckerl beim Nordic Walking als Mode-Accessoire hinterherziagn". „Mir wären heute vier Stöcke am liebsten", stöhnt Patricia, die New Yorkerin. Sie ist nicht schwindelfrei, und tausend Rinnsale, die aus dem regensatten Bergkamm sprudeln, haben den Abstiegspfad ins Oberreintal in eine Rutschbahn verwandelt. Ängstlich übt sie den Sidestep; ihre Hände krallen sich in Achims Jacke, ihr Blick ist gen Berg, der Hintern gen Tal gestreckt. Wir tippeln hinterher, an große Schritte ist nicht einmal zu denken. An Pausen aber schon.

Denn nun, da sich der Nebel verzieht, erscheint uns: Bayerisch-Kanada. Ein schroffes, wildes Tal, eingezwängt zwischen himmelhohen Felswänden. Fast senkrecht ragen sie nach oben, wie gefrorene Tränen sitzen letzte Schneereste auf ihrem grauen Stein. Als kurz darauf der erste Sonnenstrahl den Kamm bezwingt, sieht es aus, als erwecke ein Lichtkegel Meter für Meter das Leben in der Tiefe. Der dunkle Wald hellt auf, das Wasser der Partnach, die ihr Bett über Millionen Jahre in den Fels geschürft hat, beginnt zu schimmern. Ich merke, wie die Aussicht mich beschwingt, wie ich an Tempo gewinne, meine Beine über den Fels hüpfen. Keine Frage:

Um die Anzahl der Pausen wird immer wieder neu gerungen. Bergführer Achim Chwaszcza (rechts) hat eine eigene Philosophie: Weniger ist mehr! Auch die Traverse der Nagelfluhkette in den Allgäuer Alpen ist eine Gratwanderung für Autorin Trippel und ihre Begleiter

Ich zähle zu den Absteigern unter den Wanderern. Ich weiß: Bald sind wir unten, und den Rest des Tages, wenn es wieder bergauf geht, werden andere Wanderer milde lächelnd an mir und meinem roten Kopf vorbeiziehen. Aber gerade euphorisiert mich mein Schwung, das rhythmische Klackern der Stöcke, dazu der Duft des feuchten Holzes, der Bach, der entlang des Weges plätschert, die Einsamkeit, kein Mensch kommt uns entgegen. Nicht ich gehe. Es geht. Das muss der Einklang sein.

Zwischen zwei gut 1000 Meter hohen Steinflanken sehen wir, wie tibetische Gebetsfahnen im Wind wehen. Am Kiesstrand der Partnach stehen Liegestühle, etwa ein Dutzend Wanderer rasten, vespern oder lauschen mit geschlossenen Augen dem Plätschern des Wassers. Eine meditative Ruhe geht von diesem Ort aus, die Gespräche, selbst die polterndsten Bergsteiger-Lacher bleiben leise.

Wir sind an der Reintalangerhütte, einem Refugium im Herzen des Wettersteins: für Zugspitz-Wanderer, für Künstler, die hier regelmäßig mit den Hüttenwirten musizieren – und für einen Mann der fernen Berge, den Sherpa Ang Gyalzen. Hüttenwirt Charly Wehrle, inzwischen im Ruhestand, lernte ihn während einer Nepalreise kennen, nun hilft er jeden Sommer, die Wandergäste im Reintal zu versorgen. An diesem Tag, kurz vor Ende der Saison, lehnt Ang Gyalzen ein bisschen erschöpft am Treppenaufgang, das lederne Gesicht im letzten Sonnenstrahl des Tages, und erzählt gleichwohl geduldig von seiner Heimat. Anders als im Deutschen, erfahren wir, gibt es im Nepalesischen nur zwei Worte für alles, was mit Gebirge zu tun hat. Ein Gipfel, Massiv, Höhenzug oder Hang ist entweder ein Hügel oder ein Berg. „Und wie nennst du die Steilwand vor dir?", fragt Sophie. Der Sherpa schaut mit zugekniffenen Augen in die Wolken: „Einen kleinen Hügel."

Noch so ein kleiner Hügel ist am späten Nachmittag vor uns aufgebaut: die südwestliche Flanke der Zugspitze. Serpentinen führen über 2000 Höhenmeter hinauf, der Gipfel liegt versteckt, die Knorrhütte, wo wir auf halber Strecke übernachten wollen, ebenso. Achim stapft mit regelmäßigem Schritt voraus. Weit bevor die Kiefern sich zu Büschen ducken, ist die Gruppe neu sortiert: Aufsteiger wie Gaby und Michael rasen vor, Absteiger wie Patricia und ich fallen zurück. Jede Ausrede für ein Päuschen zählt. Auf 1300 Metern müssen wir Mütze und Handschuhe aus dem Rucksack kramen, auf 1400 Metern fotografieren, auf 1500 Metern einen Schluck trinken. „Bleibt zammn", ruft Achim, „es is nimma weid!" Meine Puste reicht weder zum Lachen noch zum Protestieren.

Auf einem Felsvorsprung treffen wir auf die anderen. Sie starren schweigend ins Tal zurück; von hier oben wirkt es geradezu archaisch. An den Flanken gegenüber glänzen Weiden, über uns besteht der Berg nur noch aus Schotter und Schnee.

Am nächsten Morgen der Schock: Wie eine endlos lange Raupe drücken sich die Massen im Stop-and-go-Modus zur Zugspitze hinauf. Müll liegt im Schnee, bald hängt über uns das Stahlseil der Gondel, auf dem im Sommer 2009 vor Kameras aus aller Welt ein Seiltänzer balancierte. Eine Pistenraupe rumpelt am kläglichen Rest des Schneeferners vorbei. Neben der hässlichsten Wetterstation der Welt rutschen uns Japaner auf Plastiktüten entgegen. Schließlich stehen wir oben, am „Top of Germany": 2962,06 Höhenmeter, goldenes Kreuz, Eibsee-Blick – und umringt von Hunderten Touristen, die mit der Zugspitzbahn zum „Münchner Haus" aufgefahren sind und uns, „Deutschlands höchste Bratwurst" mampfend, unser Gipfelglück verderben. Achim hatte uns vorgewarnt.

Tage später am Nebelhorn: Stille auf 2224 Metern. Die Abendsonne taucht unzählige Gipfel in ein rosafarbenes Licht, davor drehen Gleitschirmflieger ihre Spiralen. Ich schaue und schaue, hinter drei Bergketten glaube ich die Zugspitze ausmachen zu können. In meiner Hand perlt ein Weißbier. Ich bin versöhnt.

Überhaupt hat sich die Stimmung gewandelt, seit wir das Allgäu erreicht haben. Alles hier ist kleiner, zerklüfteter, dabei grüner, blumiger. Am Laufbaucher-Eck-Weg begegnet uns frühmorgens eine Herde Gämsen, wir hören Murmeltiere pfeifen, sehen Steinadler kreisen. Allein am Höfarts – mit seinen bis zu 70 Grad steilen Grasflanken das Wahrzeichen der Allgäuer Alpen – haben Botaniker außer dem überall blühenden Feldenzian, dem giftigen Eisenkraut und dem raren Edelweiß rund 400 Pflanzenarten identifiziert. →

Immer dem Pfeil nach: Das zehn Quadratkilometer große Gottesackerplateau im Allgäu ist schlecht für Orientierungslose

Das erzählt Gaby Funk, die als Allgäu-Expertin zu uns gestoßen ist – und auch die Namen der umgebenden Berge im Originalslang auszusprechen weiß: Mädelesgäbele, Mäxeles Eck, Berggächtle.

UND DIE ALPE auf halbem Weg hat geöffnet! Ich koste zum ersten Mal seit Kindergarten-Zeiten wieder Buttermilch. Sie schmeckt, ganz entgegen meiner Erinnerung, frisch und rahmig und dicht, eine Wonne. Und auch den Rest des Tages beenden wir wie kleine Kinder: auf Rollern. Der geschäftstüchtige Sohn des Eigernordwand-Erstbesteigers Anderl Heckmair stellt sie an der Asphaltstraße nach Oberstdorf bereit, und wir dürfen hinuntersausen. Ein Heidenspaß.

Später führt uns Gaby über eine geologische Attraktion, das Gottesackerplateau. Der Sage nach einst ein fruchtbares Feld, das von einem reichen Bauern bestellt wurde. Weil dieser einem Bettler nur einen Topf Mist mit dünner Butterschicht servierte, soll der erzürnte Herrgott den Acker versteinert haben. Tatsächlich ist die Karsthochfläche eine Hinterlassenschaft des Tethys-Meeres, aus dessen 150 Millionen Jahre alten Ablagerungen große Teile der Alpen entstanden. Wie ein kilometerbreiter Gletscher aus Stein erstreckt sie sich unterhalb des Hoher-Ifen-Gipfels. Messerscharfe Spalten und Klüfte brechen ins Erdinnere, botanische Versteinerungen dekorieren die Oberfläche – und zwei lebende Wespen. Die stechen Sophie in den Hals, Christian zückt seine homöopathische Reiseapotheke. Gerettet.

Auf der Nagelfluhkette bildet Gestein einen steilen, schmalen Kamm. „Alpine Erfahrung, Trittsicherheit und Schwindelfreiheit erforderlich", warnt ein Schild, wir zucken nur die Schultern. Was soll uns unterhalb von 2000 Metern passieren? Doch der Höhenweg führt uns am letzten Tag an unsere Grenzen: Hoch, runter, hoch, runter müssen wir vom 1564 Meter hohen Falken zum 1566 Meter hohen Hochhädrich, nur schrittbreit ist der Pfad, daneben rutscht der Fels ins Nirgendwo. Mein Bauch fährt Karussell, Gaby versucht vergebens, uns mit „Nur noch eine Kuppe ..." bei Laune zu halten; irgendwann verrät sie sogar, was uns am Ende des Weges erwartet: „Michels Kräuter-Alp" – die höchstgelegene Schnapsbrennerei des Allgäus. Nie habe ich einen Enzian dringender gebraucht.

Der Kräuter-Michel schenkt kräftig ein und erklärt uns, dass unser Leibgetränk aus einem Elixier der Wurzel gebrannt wird, die bis zu einen Meter tief im Boden steckt. Mit dem Spaten gräbt er sie aus, für jede Pflanze braucht er eine Genehmigung der Naturschutzbehörde. An acht Sorten nippen wir, jede hat Michel mit anderen Kräutern parfümiert, die Marke „Jungbrunnen" etwa mit Löwenzahn, gut gegen Ärger und Streit. Euphorisch fahren wir gen Tal.

„Von allen Methoden zur Einübung von Gelassenheit scheint mir der aufrechte Gang die allereinfachste", schrieb einst der Autor Ulrich Grober. Wie recht er hat. Der Nacken ist entspannt, der Rücken stark, die Haut rosig. Die Beine haben Festigkeit gewonnen, die Nase riecht ganz neue Nuancen. Vor allem hat der Kopf sich vom Ballast befreit; ist voller neuer Bilder. Es ist ein gutes Gefühl. Das Beste aber: Es liegt so nahe. ■

Fotografin **Sophie Henkelmann**, 35, und Autorin **Katja Trippel**, 36, übernehmen gern Aufsteigerjobs für GEO. Die gemeinsame Besteigung des Copa Coya in Chile hatten sie allerdings noch abbrechen müssen: Höhenkrankheit auf 5000 Metern. In den bayerischen Alpen erlebte das bestens eingewanderte Team nun einen gesunden Höhenrausch. Nicht nur beim Kräuter-Michel.

INFO

▶ BAYERISCHE ALPEN

Ein Hoch auf den Heimaturlaub

Im Buch **Heimattrekking – Bayerns Berge für Quergeher** (zu bestellen unter *www.editionsummit.de*, 19,70 €) hat Wanderführer Joachim Chwaszcza mit seinen Kollegen Gaby Funk und Hans-Georg Mühlbauer sechs Trekkingrouten ausgearbeitet, die sich zu einer sechswöchigen Tour verbinden lassen. Inklusive Tipps für Unterkunft, Einkehr und Informationen über die örtliche Kultur und Natur. Der Summit-Club des Deutschen Alpenvereins bietet die gleichnamige, von den Buchautoren geführte Tour in seinem Sommerprogramm an: als dreiwöchige geführte Route vom Karwendel ins Allgäu. Sie kann von „geübten Bergwanderern" am Stück oder in Etappen gebucht werden. Voraussetzung: eine gute Kondition für sechs- bis achtstündige Bergetappen und bis zu 1500 Meter Höhenunterschied. Informationen: *Tel. 089/64 24 00, www.dav-summit-club.de.*

Die Frische der Natur erleben.
Mit 4711 auf Reisen.
4711
ECHT KÖLNISCH WASSER
ORIGINAL EAU DE COLOGNE
№ 4711.
Eau de Cologne & Parfümerie-Fabrik
"GLOCKENGASSE № 4711"
KÖLN a. RH./ COLOGNE
4711.com

Und sie bewegen

GOTTESACKER, ALLGÄUER ALPEN, ÖSTERREICH

DIE EINHEIMISCHEN tauften ihr unwirtliches Hochplateau Gottesacker: Friedhof. Jäh fällt es ab, ist von gefährlichen Spalten durchzogen. Seine brüchige Karstdecke wuchs vor mehr als 200 Millionen Jahren auf dem Grund eines Meeres heran, von Muscheln und Korallen genährt, mehrere Tausend Meter mächtig. Zerborsten und aufgetürmt wurde diese Decke durch das ewige Auseinander- und Aufeinanderzustreben der Erdplatten. Und Ruhe findet der Gottesacker nicht: Noch immer strudelt und sickert Wasser in seinen porösen Kalk, spült kilometerlange Höhlen aus.

sich noch

Es dauerte rund 250 Millionen Jahre, bis die Alpen ihre heutige Gestalt annahmen. Eine Zeit des Aufruhrs, der beständigen Umwälzung, in der kein Stein auf dem anderen blieb – was nicht nur Geologen bis heute ins Schwärmen bringt

FOTOS ¬ **BERNHARD EDMAIER** TEXT ¬ **KIRSTEN BERTRAND**

TIROLER ACHEN, CHIEMSEE, DEUTSCHLAND

VERÄSTELT WIE EIN ADERNGEFLECHT, münden die Tiroler Achen in den Südosten des Chiemsees. Alles hier ist in Bewegung. Die Schussfahrt des Flusses, 79 Kilometer lang, beginnt auf über 1200 Metern in den Kitzbühler Alpen: Wasser sucht sich den Weg durch teils weiches Sand- und Schiefergestein, spült aus, reißt mit, schwemmt jährlich rund 250 000 Kubikmeter Schlamm in den See, 100 Lastwagenladungen täglich. So schiebt sich eines der größten Süßwasserdeltas Mitteleuropas pro Jahr um bis zu 25 Meter in das Gewässer hinein. Die Folge: Der Chiemsee, heute noch über 80 Quadratkilometer groß, verlandet. In rund 8000 Jahren wird er Vergangenheit sein.

RÖTLBACH, ZILLERTALER ALPEN, ÖSTERREICH/ITALIEN

WARUM DAS GEWÄSSER, das diesen flüssigen Vorhang schafft, Rötlbach heißt, liegt auf der Hand. Ausgespülte Eisenmineralien sorgen für die ausgefallene Farbpalette. Und sie haben schillernde Geschwister wie Bergkristalle, Granate, Amethyste; die Zillertaler Alpen gelten als besonders mineralienreich. Denn hier verzaubert ein steingewordener Glücksfall (nicht nur) Geologen: das Tauernfenster. Auf 150 mal 40 Kilometern haben sich Erdschichten aus extremen Tiefen aufgewölbt, wurden freigelegt von Wind und Wetter. So öffnet das Tauernfenster einen Blick in das sonst verborgene Kellergeschoss der Alpen.

WIEDEMERKOPF, ALLGÄUER ALPEN, DEUTSCHLAND

WIE VERSTEINERTE SEITEN IM BUCH DER ERDGESCHICHTE haben sich die Kalk- und Dolomitschichten um den 2163 Meter hohen Wiedemerkopf aufgeblättert. Fast nirgendwo sonst lässt sich die Durchwalkung der Alpen so plastisch begreifen wie im Oberallgäu mit seinen Schichten, die vor rund 200 Millionen Jahren noch waagerecht auf dem Grund eines Ozeans lagen. Druck (siehe Seite 122) hat das ehemals geschätzt 1000 Kilometer breite Meer zusammengestaucht – und auf die bis zu 250 Kilometer breiten Alpen verdichtet. Eine ozeanische Geburtsstätte, deren Spuren sich bis heute finden: fossile Muscheln und Korallen.

HÖFATS, ALLGÄUER ALPEN, DEUTSCHLAND

GOTISCHEN DOMEN GLEICH ragen die steilen Gipfel der Höfats gen Himmel, eines der eindrucksvollsten Naturdenkmäler in Bayern. Und auch hier fußt das ganz Große auf dem ganz Kleinen: Im grauen Aptychenkalk und Hornstein der Höfats vereinen sich Kieferteile winziger Ammoniten mit den Skeletten von Radiolarien, filigranen Meeresbewohnern. Ein Untergrund, auf dem Enzian, Federgras oder Anemone gedeihen – und auch das Edelweiß. Bis vor 85 Jahren büschelweise an Touristen verkauft, überlebte es nur dank strengen Schutzes durch die Bergwacht.

LANGKOFELGRUPPE, DOLOMITEN, ITALIEN

DASS AUSGERECHNET LE CORBUSIER die Dolomiten „das schönste architektonische Kunstwerk der Welt“ nannte, ein Schweizer! Es adelt die nachweislich italienische Gebirgskette um Marmolata, Sella und Langkofel umso mehr. Verblüffend auch: Wer einen Gipfel der Langkofelgruppe besteigt, steht auf einem ehemaligen Korallenriff. Es wuchs einst im warmen Flachwasser des Tethys-Meeres heran. Nur seine harten Riffränder überstanden das Abfließen des Ozeans, das fortwährende Buckeln der Erdkruste, während das brüchige Innere zerfiel. So beschreibt das Bergmassiv, dessen höchste Erhebung 3181 Meter misst, bis heute einen Halbkreis.

PFITSCHER JOCH, ZILLERTALER ALPEN, ÖSTERREICH/ITALIEN

WO EIN STEIN SEIN INNERSTES OFFENBART, erlaubt selbst ein bescheidenes Bachbett in den Zillertaler Alpen eine gewaltige Zeitreise: mehr als 200 Millionen Jahre in die Erdgeschichte zurück. Die oft schlangenartig gewundenen, farbigen Zeichnungen haben diesem Gestein den Namen Serpentinit verliehen, abgeleitet vom lateinischen *serpens* für Schlange. Bei 300 bis 500 Grad unter Höllendruck im Erdmantel geschmiedet, durch Verschiebung der Erdplatten aus tiefster Tiefe emporgehoben, schimmert Serpentinit heute nur in vereinzelten Regionen der Alpen, längst nicht so flächendeckend wie etwa das Kalkgestein.

WEN DER BERG RUFT

Berge dominieren nicht nur Landschaften, sie prägen auch den Menschen. Sie können ihn neugierig machen, süchtig, verwegen, stolz – und manchen auch nur zutiefst demütig. Fünf Alpinisten und ihr persönlicher Schicksalsgipfel

FOTOS ¬ **YANN GROSS, GEORG TAPPEINER** TEXTE ¬ **NADJA KLINGER, KATJA TRIPPEL**

Matterhorn

ACHT MAL STAND SHINJI TAMURA bislang auf dem Gipfelgrat des Matterhorns, wo auch im Hochsommer Minusgrade herrschen und der Wind pfeift, 4477 Meter über dem Meer. Er mag den Gipfel, weil er dort oben am ganzen Körper fühlt, dass er den Aufstieg hinter sich hat.

Wer auf den Berg will, muss bei Dunkelheit los. Unterwegs geht die Sonne auf, und das ist der Moment, den Tamura für den allerschönsten hält. Man sieht und spürt, sagt er, welche Energie das Matterhorn hat.

Normalerweise hat Tamura auf seinen Touren eine Karte bei sich. Nicht aber am Matterhorn. Er kennt die Routen, auch wenn sich der Weg jedes Mal verändert, weil sich die Bedingungen verändern: das Wetter, das Licht, er selbst, Shinji Tamura. Die wirklich wichtigen Details sind auf keiner Karte eingezeichnet. Er muss und will unterwegs verstehen, was vor sich geht, und entsprechend reagieren.

Tamura kam in die Alpen, weil er verrückt aufs Skifahren war. Anders als die meisten aber fand er auch Gefallen daran, die Berge hinaufzusteigen, die er dann hinabraste. Nach einem Jahr wollte er zurück nach Japan, eigentlich. Doch es gab so viele Berge, auf denen er noch nicht gewesen war. Und so blieb er, noch eine Saison und noch eine. Ist bis heute geblieben. 1997 hat Shinji Tamura, Jahrgang 1966, Weltenbummler, in Zermatt ein Reisebüro für seine Landsleute eröffnet. Er organisiert Ski-, Snowboard-, Wander- und Klettertouren. Denn die Menschen wollen erobern, was sie bewundern. Sie wollen auf den Gipfel.

Das Matterhorn ist der ideale Berg für Tamura, er sieht ihn von seiner Wohnung aus: Eine nahezu perfekte Pyramide mit vier Graten und vier Wänden erhebt sich vor ihm aus den Walliser Alpen. Fast scheint es, als würden sich die mehr als 30 Viertausender ringsum respektvoll ducken. Dabei sind vier dieser Gipfel höher. Aber wer kennt schon Dufourspitze, Dom, Liskamm und Weisshorn? Das Matterhorn, das kennt man!

Aus der ganzen Welt kommen die Pilger, viele Japaner unter ihnen. Sie stehen auf dem Zermatter Kirchplatz und fotografieren das phänomenale Ragen des „Mattelholn". Mit vielsprachigen Werbeprospekten lockt Zermatt an den Berg, sorgt für Rummel und beste Wintersportbedingungen, sogar im Sommer. Speisekarten, Hinweisschilder, Lautsprecherdurchsagen in der Zahnradbahn? Auch auf Japanisch.

Seit der Engländer Edward Whymper nach mehreren vergeblichen Versuchen 1865 endlich mit einer siebenköpfigen Seilschaft auf dem Gipfel stand, gilt das Matterhorn als ein Berg, der sich leicht erobern lässt. Doch das ist ein Irrtum. Zwar haben die Zermatter Bergführer Fixseile wie Handläufe am Fels verankert, um auch weniger Sportlichen den Aufstieg zu ermöglichen. Doch überall am Berg hängen Plaketten, die von den Hinterbliebenen der hier Gestorbenen angebracht wurden. Rund 3000 Menschen klettern jedes Jahr auf das Matterhorn, fünf bis zehn von ihnen bezahlen den Aufstieg mit dem Leben. Seit der Erstbesteigung sind mehr als 500 Menschen nicht aus dem Fels zurückgekommen.

Das Matterhorn ist ein unkannter Bekannter geblieben. Ein Berg, der nicht verrät, dass sich ihm nur nähern sollte, wer gut mit Steigeisen und Seil umgehen kann. Dass ein Aufstieg selbst über die Normalroute extrem lang und anstrengend ist. Dass sich ein Großteil der Unfälle beim Abstieg ereignet, wenn die Müdigkeit wirkt und der Tiefblick Schwindel verursacht. Und dass jederzeit das Wetter umschlagen kann.

Für viele wäre es die größte Herausforderung, Abstand zum Matterhorn zu halten, sagt Shinji Tamura. Aber sie nehmen sie nicht an.

MATTERHORN: 4477 METER
SHINJI TAMURA: STAND ACHT MAL AUF DEM GIPFEL

Das Matterhorn gilt als leicht zu erobernder Berg. Ein Irrtum, über den Reiseveranstalter Tamura seine vorwiegend japanische Kundschaft aufzuklären versucht

GROSSE ZINNE: 2999 METER **WESTLICHE ZINNE:** 2973 METER **KLEINE ZINNE:** 2857 METER
ANDY HOLZER: STAND ELF MAL AUF ZWEIEN DER GIPFEL

Lange Zeit trug Andy Holzer ein völlig falsches Bild von den Drei Zinnen in seinem Kopf. Erst als er sie zum ersten Mal bestieg, erfasste er ihre wahre Gestalt, ihren Geruch, ihre Geräusche. Er ist von Geburt an blind

Drei Zinnen

WIE SEHEN SIE AUS?, hat Andy Holzer, als er noch ein Junge war, die Leute zu Hause in Osttirol gefragt. Sie blickten 40 Luftlinienkilometer in südwestliche Richtung. Sagten: Wie ein Dreizack. Wie Finger, in die Höhe gestreckt. Die Drei Zinnen, der Gebirgsstock in den Dolomiten, aus dem die Felsen Große Zinne, Westliche Zinne, Kleine Zinne ragen, bestanden aus Worten, die man Holzer gab. Aus Worten, mit deren Hilfe er sich ein Bild machte: Aus einer saftig-grünen Wiese mit Schafen ragten drei glatte Felsnadeln auf. Das war sein Bild. Er trug es im Kopf mit sich herum.

Andy Holzer, geboren 1966, ist von Geburt an blind. Und die Drei Zinnen waren wie Mars oder Venus für ihn: Unerreichbar fern erschienen sie ihm. Doch 1998 fuhr er mit Kletterkameraden in ihre Nähe. Sie parkten an der Südseite des Massivs, er setzte den Fuß aus dem Auto, und erst einmal war sein Bild kaputt. Denn unter den Sohlen war keine Wiese, sondern Geröll. Auch die Felsnadeln empfand er nicht mehr. Andy Holzer spürte die Aura einer steilen Wand, der Großen Zinne. Spürte ihre Gewalt. Sie bestand aus einem dominanten Geruch. Aus dem Geräusch, das fallende Steine machen. Aus Anwesenheit und Masse. Schließlich legte Holzer seine Hand an den Berg. Er sagt: Das waren nicht meine Dolomiten, nicht die, die ich kannte.

Sie kletterten auf die Kleine Zinne. Die Hände des blinden Bergsteigers griffen an fast unnatürlich geformtes Gestein, an flache, polierte Flächen, die waagerecht, rechtwinklig wie Bänke im Fels hingen. Alle Kanten waren exakt beschnitten und entgratet, als hätte ein Mensch mit einer Maschine sie gestaltet. Er konnte sich nicht schneiden, wie sonst in den Dolomiten, es fehlten aber auch die Risse und das Raue, die einen Berg griffiger machen. Kletternd vervollständigte er sein neues Bild. Er registrierte den Sonnenstand. Spürte, wie die Große Zinne den Westwind abhielt. Schnalzte mit der Zunge, um zu erfahren, von wo das Geräusch zurückkam. Hörte Sand rieseln, hörte einen Bach, Wasser, Kuhglocken, Kirchenglocken.

Später kletterte er auf die Große Zinne. Oben sagte er: Ich will noch einmal hinauf, aber über die Nordwand. Wieder gab man ihm Worte. Und Zahlen: 17 Seillängen, 550 Meter, 35 Meter überhängende Wand. Er trainierte im Klettergarten, dann stand er am Fuß der Nordwand und fühlte sich wie im Dunkel einer kühlen, feuchten Kathedrale. Er hörte Seilbewegungen, den Partner schnaufen.

Der Berg ließ sich auf ganz besondere Weise von ihm anpacken. Er gestattete kaum Untergriffe, ein paar mehr Seitgriffe, so wie an der Schiebetür eines VW-Busses. Meist aber musste Holzer seine Hände flach auflegen. Wenn man mir Knete geben würde, sagt er, könnte ich die Große Zinne ziemlich genau nachformen.

Die Westliche Zinne fehlt noch in seinem neuen Bild. Er hat sie noch nicht mit eigenen Händen gesehen. Andy Holzer braucht länger als andere, um einen Berg in den Kopf zu bekommen. Alles, was er hört und riecht, braucht er zur Orientierung. Er braucht auch die Geräusche, die der Seilpartner macht: Tritte, Atem. Wenn er alles richtig macht, erreicht er den Gipfel. Säße er mit schiefer Krawatte in einem Bewerbungsgespräch, würde man ihm sagen: Macht nichts, beim nächsten Mal kriegen Sie das hin, sagt Holzer. Die Drei Zinnen dagegen stehen einfach nur da und würden genauso stehen, wenn er einen Fehler gemacht hätte und abgestürzt wäre. Auf den Berg kann man sich verlassen, sagt Holzer, er tut nicht, als gäbe es eine zweite Chance.

Mont Blanc

CHRISTINE JANIN kennt die Qualen eines Gipfelsturms. Als erste Französin bestieg sie 1990 den Mount Everest, als erste Europäerin die „Seven Summits", die höchsten Berge der sieben Kontinente. Und 1997 erreichte sie als erste Frau der Welt den Nordpol auf Skiern. Den Mont Blanc, mit 4807 Metern der höchste Berg der Alpen, hat sie von allen Seiten erobert; kennt die vergletscherten Abfahrten seiner Nordflanke so gut wie die zackigen Grate, die im Süden 3500 Meter in die Tiefe stürzen. Auch heute, mit 53 Jahren, weiß Christine Janin kaum, wohin mit ihrer Kraft.

Kinder mögen sie. Kranke Kinder vielleicht ein bisschen mehr als gesunde. Christine Janin bemerkte es, als sie im Pariser Trousseau-Krankenhaus kleinen Krebspatienten von ihrer Everest-Tour erzählte. Gebannt lauschten die Kinder den Abenteuergeschichten: Wie der Eiswind schmerzte, Janin die Luft ausging, sie sich mit letzter Kraft auf den Gipfel schleppte. „Je mehr diese blassen Wesen, die seit Monaten Medikamente, Bestrahlung und Chemotherapie ertragen, von meinen Strapazen erfahren wollten, umso sinnloser erschienen sie mir", sagt Janin. „Gleichzeitig entdeckte ich, dass meine Gipfelexpeditionen viel gemein haben mit dem Kampf der Kinder um Genesung: Beide Wege sind schwer und steinig, es gibt Einbrüche und Kraftschübe. Und über allem steht, nie aufzugeben."

Janin hat Medizin studiert, ehe sie Profi-Alpinistin wurde und bevor sie beschloss, den Kindern auf ihren Expeditionen zurück ins Leben zu helfen. 1994 gründete die kleine blonde Frau den Verein „A Chacun Son Everest", Jedem seinen Everest. Sie überzeugte Ärztekollegen von ihrer Idee, fand Sponsoren. In Chamonix baute sie ein 100 Jahre altes Châlet zu einem Gästehaus mit 40 Betten, Hochseilpark und Kletterturm um.

2655 krebskranke Mädchen und Jungen haben seither in der „Basisstation" ihren persönlichen Gipfelsturm trainiert: Betreut von Janin, von Pflegern und Bergführern, lernen sie eine Woche lang Steilwände zu erklimmen, einen Rucksack zu packen, überqueren auf Steigeisen das „Mer de Glace", Frankreichs größten Gletscher, und seilen sich in tiefe Spalten ab; Erfahrungen, von denen sie im Krankenhaus nicht einmal zu träumen wagten.

„Am ersten Tag dominiert meist die Furcht", sagt Christine Janin. „Am zweiten Tag stöhnen sie vor Muskelkater, und ich kontere: Wunderbar! Das heißt, du wirst jetzt stark!" Ab da wachsen die Kinder aus sich heraus und zur Seilschaft zusammen. Wer nicht mehr kann, wird getragen; wer den Mut verliert, ermuntert. Am letzten Tag besteigen alle gemeinsam einen Gipfel: „Les Possettes", einen Zweitausender mit Blick auf den Mont Blanc. „Dann stehen wir da oben, und alle sind stolz und beseelt. Ein großartiges Gefühl, genau wie früher."

Die Kinder kurierten Janins Rekordsucht. Fast alle ihre Bergkameraden von einst sind tot, abgestürzt, verschollen. Auch das erzählt sie ihren Schützlingen: „Dich stark zu fühlen, kann dein Leben retten. Aber fühle dich nie zu stark." Die letzte, zu riskante Expedition blieb Janin erspart. „Dass ich noch lebe, habe ich den Kindern zu verdanken."

MONT BLANC: 4807 METER
CHRISTINE JANIN: STAND VIER MAL AUF DEM GIPFEL

Die Profi-Alpinistin hat von den Bergen gelernt, nie aufzugeben – eine Erfahrung, die sie krebskranken Kindern im Gebirge weitergibt

GROSSGLOCKNER: 3798 METER
PETER PONHOLZER (MIT FRAU DORIS): STAND 500 BIS 600 MAL AUF DEM GIPFEL

Der Bergführer und seine Frau gaben sich 1985 auf dem Berg das Jawort, als bislang einziges Paar. Der Gipfel strahlte an jenem Tag glutrot

Großglockner

DER 3798 METER HOHE, schneebedeckte Großglockner ist der höchste Berg der österreichischen Alpen. Im Jahr 1880 schleppten Bergführer ein Eisenkreuz hinauf. Es wog 250 Kilogramm. Sie brauchten vier Tage. Anlässlich des 25. Hochzeitstages von Kaiser Franz Joseph I. und Elisabeth „Sisi" rammten sie es in den Gipfel. Peter Ponholzer hat vielleicht 600 Mal an diesem Kreuz gestanden. Er ist 52 Jahre alt und seit 30 Jahren Bergführer. Es gibt viele Wege nach oben, er kennt jeden Tritt, jeden Stein, jeden Felszacken. Doch für ihn ist der Berg nicht einfach eine Aufstiegschance. Sein Berg hat Persönlichkeit. Er strahlt aus. Wir werden ihn nicht besteigen, erklärt Ponholzer den Menschen, die er in die dünne Luft führt, sondern ihm begegnen, indem wir ihn mit den Füßen berühren.

Er sagt: Du bist der Sepp, du der Hansl, du der Heini, mehr nicht. Am Berg sind wir alle gleich, ich bin der Peter. Er weiß, der Großglockner verändert die Menschen. Bevor sich Ponholzer aufmacht, dem Berg zu begegnen, spricht er mit ihm: Schau auf mich, Glockner, damit nichts passiert! Wird es unterwegs plötzlich dunkel, windig und nass, fragt er: Glockner, bist du zornig? Und fleht: Warte noch, bis ich auf der Hütte bin! Manchmal war der Gipfel mit Wolken verhangen, wenn er ankam. Dann sagte er: Ich hab nette Leute bei mir, Glockner, bitte zieh den Vorhang auf! Meist bekam er eine halbe Stunde freien Himmel. Im August 1985 heiratete er, auf dem Berg, seine Frau Doris. Es war acht Uhr abends, spät für einen Aufenthalt am Gipfel, die Sonne fiel schnell vom Himmel. Mit einem Mal aber leuchtete der Berg glutrot. Als kümmere er sich darum, dass die Hochzeitsgesellschaft den Abstieg schaffte.

Ponholzers Berg ist Mode. Eine Hochalpenstraße führt bis über 2500 Meter hinauf. In den Motorradhimmel Großglockner, heißt es in der Werbung. Bei Ponholzer heißt es: Da kommen Leute, die hier nichts verloren haben. Am Kaiserkreuz bilden sich Warteschlangen wie im Supermarkt.

Am Fuße des Berges liegt die Pasterze, der größte Gletscher Österreichs. Seine Fläche ist in den vergangenen 150 Jahren um fast die Hälfte geschrumpft, jährlich verliert er zehn Meter Länge. 1963 fuhren Touristen mit der Standseilbahn bis an den Gletscherrand. Heute müssen sie zusätzlich eine 300 Meter lange Treppe nehmen.

Im Juli 2009 war Ponholzer kaum auf dem Berg, denn es regnete und regnete. Doch er war glücklich, weil er wusste, dass der Regen weiter oben als Schnee fallen würde und sein Glockner eine neue Schutzdecke bekam. Der August war heiß. Das Eis sah von unten immer dunkler aus, bis es fast schwarz war. Der Berg litt, Ponholzer auch.

Seit einiger Zeit führt er regelmäßig um den Großglockner herum. Vier Tage lang auf einer teilweise schweren alpinen Strecke. Wir begegnen ihm, ohne ihn zu belästigen, sagt er dann.

Eigernordwand

IN DEN SOMMERTAGEN des Jahres 1983 hängt der Bergfilmer Gerhard Baur an einem Fixseil am Eiger und dreht. Das Wetter schlägt um, Baur bricht die Dreharbeiten ab. Es geht nicht darum, was er will und kann. Am Berg bestimmt der Berg. Vor allem am Eiger. Während Baur wartet, entdeckt er auf der Wiese am Wandfuß ein vom Wind umgewehtes Zelt. Er legt den Kopf in den Nacken. Ist jetzt noch jemand in der Wand? Baur kann im dichten Nebel kaum etwas erkennen.

Der Eiger in den Berner Alpen ist 3970 Meter hoch. Seine Nordseite ist ein finsterer Fels mit senkrechten Wandstufen und Schrägen, von denen jederzeit Altschnee abrutschen kann. Sonnenstrahlen lösen Gefrorenes, fabrizieren Sturzbäche, Gestein fliegt hinunter. Alles, was von der 1650 Meter hohen Wand in die Tiefe fällt, hat unglaubliche Geschwindigkeit. Die Wand habe Charisma, heißt es. Oder: ein schlechtes Image. Gerhard Baur war kaum 20, als er sich mit einem Freund an ihr versuchte. Diese Geschichte endete gut, weil ihnen nach einem Wettersturz der Rückzug gelang.

Anders jetzt, als er das umgewehte, offenbar leere Zelt entdeckt: Nach sechs stürmischen Tagen ist es noch immer da. Baur alarmiert die Rettungsstation Grindelwald. Auch wenn er nicht daran glaubt, dass hinter dem Nebelvorhang am Eiger noch jemand lebt. Als ein Hubschrauber gestartet wird, liegt weiter oben in der Wand ein Meter Neuschnee. Die Retter haben Leichensäcke dabei.

Wer bei solchem Wetter in der Eigernordwand ist, der gehört ihr. Der riesige, ungleichmäßige Fels macht aus Menschen winzige Flecken, verschluckt Bewegungen und Farben. Über eine Stunde lang kann die Besatzung des Helikopters nichts Auffälliges erkennen, will schon abdrehen, als sie im Schneefeld auf 2700 Meter Höhe zwei Körper ausmacht. Einer scheint sich zu bewegen, der andere liegt leblos im Biwaksack.

Seit Tagen sind Thomas Burger und Holger Wendel, so alt wie Baur bei seinem ersten Aufstieg, ohne Nahrung in der Wand. Auch sie wollten beim Wettersturz absteigen, haben es nicht geschafft. In Thomas Burger sind noch 34 Grad Körpertemperatur, er spürt nichts mehr, halluziniert, sieht das Ende kommen. Holger Wendels Körper hat 24 Grad. Die Retter stellen fest, dass noch Leben in ihm ist. Er wird in einem Netz geborgen, das am Hubschrauber hängt, jede falsche Bewegung kann zum Herzstillstand führen.

Beide überleben. Die Bergretter sagen: Wir haben sie dem Teufel vom Karren genommen.

Gerhard Baur, im siebten Lebensjahrzehnt, hat mehr als 70 Bergfilme gedreht, war auf vielen Gipfeln der Welt, auch auf einem 8000er. Er ist abgeklärt, vertraut sein Leben noch immer dem Bohrhaken an. Und er ist voller Respekt.

Der Eiger ist weder gut noch böse, sagt er. Ein Stein fällt, wenn er fällt. Seine Kamera fängt ein, was der Mensch am Eiger empfindet: unfassbare Steilheit und beängstigenden Abgrund. Alle haben so gefühlt, ob sie auf dem Gipfel ankamen oder nicht, sagt Baur. Es ist der Zeitgeist, der aus den Bergsteigern Helden macht. Aber die Menschen sind alle gleich unbedeutend, vor allem in dieser Wand.

EIGERNORDWAND: 3970 METER
GERHARD BAUR: STAND FÜNF ODER SECHS MAL AUF DEM GIPFEL

Einst rettete Bergfilmer Wolfgang Baur durch Zufall zwei völlig entkräfteten Bergsteigern am Eiger das Leben. Das Drama stellte er später in einem Spielfilm nach. Der Berg aber, sagt er, sei weder gut noch böse. Er sei einfach da

September 1883. Josef Bock [illegible] [illegible]
Wiechlein Bock cand. math. München – [illegible]
früh 4 3/4 + 7° Reaumur. über [illegible]
nach [illegible].

1884.

Mai 31: J. Eggers F! Einjährig freiwilliger Arzt (aus Grossenrade in Dithmarschen, Holstein) wird von nachstehenden Bundes- resp. Cartellbrüdern zur Stärkung nach den Anstrengungen einer innerhalb der kürzesten Zeit vollendeten Doctorarbeit in die Berge geführt. Sie hoffen auf dieser Tour einen etwas veredelnden Einfluss ~~auf~~ mit ihm auszuüben.

aus München

E. Renner F! München.
J. Sachau F! F! cand. med. München

Juni 2 (Pfingst Montag)

Aufstieg von Kufstein 9½ Uhr Vormittag über Brentenjoch auf Gamskogel. 11¼ Ankunft dort. Ab: 12¼ über Bettelsteig nach Hinterbärenbad an: 2¾ Uhr.

2/6 84. Heinrich Schwai[...]

DOKUMENTE VON Leiden UND Leidenschaft

In der Frühzeit des Alpinismus hielten Bergsteiger bewegende Erfahrungen akribisch auf Papier fest: in Touren-, Hütten-, Gipfelbüchern. So schrieben sie ihre eigene Geschichte – und die der Alpen gleich mit

FOTOS ¬ MARKUS SEEWALD TEXT ¬ TOM DAUER

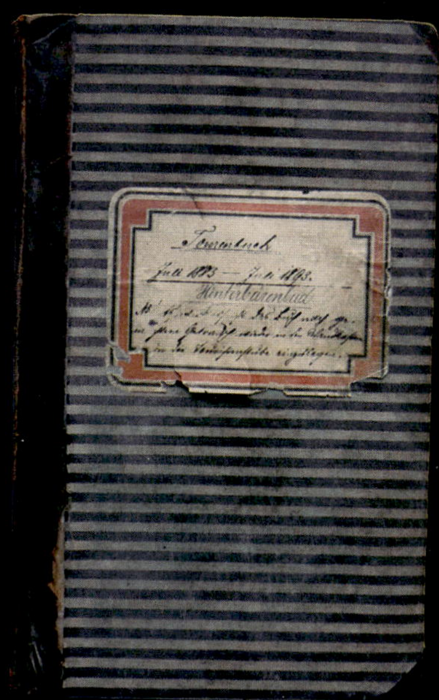

Drei Freunde unterwegs

Am 31. Mai 1884 führten die Herren Renner und Sachau einen Freund »zur Stärkung nach den Anstrengungen einer innerhalb kürzester Zeit vollendeten Doktorarbeit« von Kufstein durch das Kaisertal nach Hinterbärenbad. Wo sich einst Braunbären erfrischt haben sollen, stand eine neue Unterkunftshütte, in der dieses Buch (oben) auslag

W IR WISSEN NICHT, wo Marie und Anton Hübel geboren wurden, wie sie lebten oder was sie einander vor dem Einschlafen zuflüsterten. Aber wir wissen, in welchen Hütten sie übernachteten, wie viel sie bezahlten für ein „Brod". Oder was sie fühlten, wenn sie auf einem Gipfel standen. Zwischen 1912 und 1921 bereisten Marie und Toni Hübel immer wieder die Alpen. Ihre Erlebnisse notierten sie in einem in Leder gebundenen Tourenbuch. Es ist das Dokument einer großen Leidenschaft.

„Gemeinsame Berg- & Thalfahrten" schrieb Toni Hübel auf die erste Seite. Die Blätter sind dünn, sie wellen sich, einzelne lösen sich aus der Heftung. In knisterndes Pergamentpapier ist das Buch gewickelt. Zu seinem Schutz wird es dunkel gelagert, in einem Metallschrank in einer alten Münchner Villa, im Archiv des Deutschen Alpenvereins.

„Herrlich", nannte Toni Hübel die Gipfel, die er mit seiner Ehefrau bestieg. „Bezaubernd." „Lieblich." Nachdem er vom Gornergrat oberhalb von Zermatt in die Gletscher des Monte Rosa geschaut hatte, schrieb er: „Der Blick bleibt einem ewig & nie werde ich dessen Pracht vergessen."

Noch ein Jahrhundert zuvor hätte kein Bergsteiger den vierstündigen Aufstieg auf sich genommen, ohne am höchsten Punkt zumindest einen Kocher zu befeuern und den Siedepunkt des Wassers zu bestimmen. Zu Zeiten Napoleons ging man in die Berge, um eine geologische, mineralogische oder botanische Systematik aufzustellen. Oder nahm die Wissenschaft als Vorwand, um seiner Abenteuerlust zu frönen.

Das änderte sich zwischen 1880 und 1930. Die Alpen waren kartographiert und vermessen. Man hatte ihre Entstehung verstanden. In Gletschern sah man keine eisigen Meere mehr, sondern profane eiszeitliche Relikte. Selbst die schwierigsten Gipfel – im Zeitalter der großen Entdeckungen die Expeditionsziele des kleinen Mannes – waren sämtlich bestiegen worden.

Was also zog die Menschen weiterhin in die Höhen?

Man kann es nachlesen in jener alten Münchner Villa: in jenen Touren-, Gipfel- und Hüttenbüchern, jenen handschriftlichen Speichern von 150 Jahren alpiner Geschichte. Tourenbücher: Sie kamen um die Wende zum 20. Jahrhundert in Mode und hielten nicht nur fest, was ein Wanderer oder Bergsteiger erlebte, sondern auch, wie er darüber dachte. Gipfelbücher, meist in metallenen Schatullen an den Gipfelkreuzen bewahrt, dringen wie Eisbohrer hinab zu den vergrabenen Gefühlen, welche die Berge einmal ausgelöst haben – und erzählen vom Wandel dieser Leidenschaften.

Auf Seite eins des Tourenbuchs von Toni Hübel klebt ein Foto. Es zeigt ihn und seine Frau Marie vor schneebefleckten Felsen am Wegesrand sitzend. Ihre Rucksäcke aus grobem Leinen und lange, hölzerne Eispickel haben sie neben sich gelegt. Beide tragen Nagelschuhe, Bundhosen und lange Strümpfe. Ihre Knie sind bedeckt, seine frei. Daneben diese Verse: „Uns reut kein Tag, wo wir auf Berg & Hügel / Durch unsere götterschöne Welt geschwärmt / Im Sturm umbraust, von seiner Allmacht Flügel / Im Sonnenschein von seiner Gunst durchschwärmt // Und war's kein Gottesdienst im Kirchenstuhle / War's auch kein Tagwerk im Joch der Pflicht / Auch auf den Bergen hält die Gottheit Schule / Es reut uns nicht."

In akkurater Handschrift wurden diese Verse notiert. Die Zeilen verlaufen schnurgerade auf unliniertem Papier. Als habe ein vernünftiger Geist versucht, seine schwelgerische Naturliebe durch Niederschrift zu zügeln.

„Mit Sonne im Herzen alles Mögliche zu sich aufnehmen & dann bildlich festhalten für alle Zeiten zur steten Erinnerung" wollte Toni Hübel. Die „götterschöne Welt", die er und seine Frau Marie in den Bergen fanden, war eine gänzlich andere als die unfruchtbaren und abstoßenden Wucherungen, die Menschen jahrhundertelang in den Alpen gesehen hatten. Sie war auch nicht das Ergebnis tektonischer Verwerfungen. Sondern sie offenbarte das Mysterium des Göttlichen, dem sich Toni Hübel, wandernd, nahe empfand.

Aber die Natur, die er besang, gab es sie überhaupt? Sie war eine schwärmerische Stilisierung, wie sie der von Hübel vielleicht nie gelesene romantische Dichter Novalis so ausschmückte: „dem Gemeinen einen hohen Sinn, dem Gewöhnlichen ein geheimnisvolles Ansehn, dem Bekannten die Würde des Unbekannten, dem Endlichen einen unendlichen Schein" verleihen. Die Berge wurden idealisiert, weil die Natur dem Menschen immer fremder geworden war. In den wachsenden Städten ächzten sie unter dem Gleichtakt industrieller Arbeit. Ihr Leben war schneller geworden, vielen zu schnell. Nervosität breitete sich aus. Und wie ein Schatten legte sich die Furcht vor dem Verlorensein über die Gemüter.

Dann lieber hinaus! In die Sonne, in die Natur, auf Bergeshöhen, von denen der Schriftsteller Jean-Jacques Rousseau verheißungsvoll berichtet hatte: „In der Tat ist es ein allgemeiner Eindruck, den alle Menschen empfinden, wiewohl sie ihn nicht alle wahrnehmen, dass man auf hohen Bergen, wo die Luft rein und dünn ist, mehr Freiheit zu atmen, mehr Leichtigkeit im Körper, mehr Heiterkeit im Geiste an sich spürt."

Und wo könnte sich der Einzelne hervorragender fühlen als auf einem Gipfel, die Niederungen der Zivilisation gelassen überblickend. Um die Wende des 19. zum 20. Jahrhundert bedeutete Höhe: Flucht, Stille und Erleuchtung. Der britische Physiker und Bergsteiger John Tyndall sprach ihr 1871 sogar ethische Eigenschaften zu: „Im Sauerstoff der Berge ist ganz bestimmt Moral enthalten."

V ON SOLCHEN ÜBERLEGUNGEN UNGERÜHRT, trug sich im Sommer 1886 ein 16-Jähriger erstmals in das „Tourenbuch Hinterbärenbad" ein. Zehn Jahre lang lag das großformatige, in schweres Leder gebundene Buch in der Schutzhütte am Wilden Kaiser aus, einem recht überschaubaren Höhenzug bei Kufstein und doch einem alpingeschichtlichen Mount Everest. Wie in vielen anderen Unterkunftshäusern konnten die Bergsteiger hier festhalten, was sie erlebt hatten. Die einen beschrieben stolz, wie sie eine schwierige Wand hatten meistern können. Andere schilderten erschüttert und ihren Schutzengeln dankend, dass ein Steinschlag sie nur knapp verschont hatte. An Schlechtwettertagen wurde mit Tusche gezeichnet, gereimt und wohl auch manche Heldensaga erfunden.

Der 16-Jährige dagegen blieb sachlich und knapp. Zwei Jahre lang trug er sich regelmäßig in das Hüttenbuch ein. Seine →

Zufriedener Gast

Johann Erhardt, genannt »Schweitzerbartl«, soll die Zugspitze mehr als 1000-mal bestiegen haben. Ein Gast verewigte das Konterfei des Lastenträgers und Bergführers aus Partenkirchen im »Fremdenbuch«, das 1883 in einer Hütte auf Deutschlands höchstem Gipfel auslag

GEFÜHLE IN AKKURATER HANDSCHRIFT

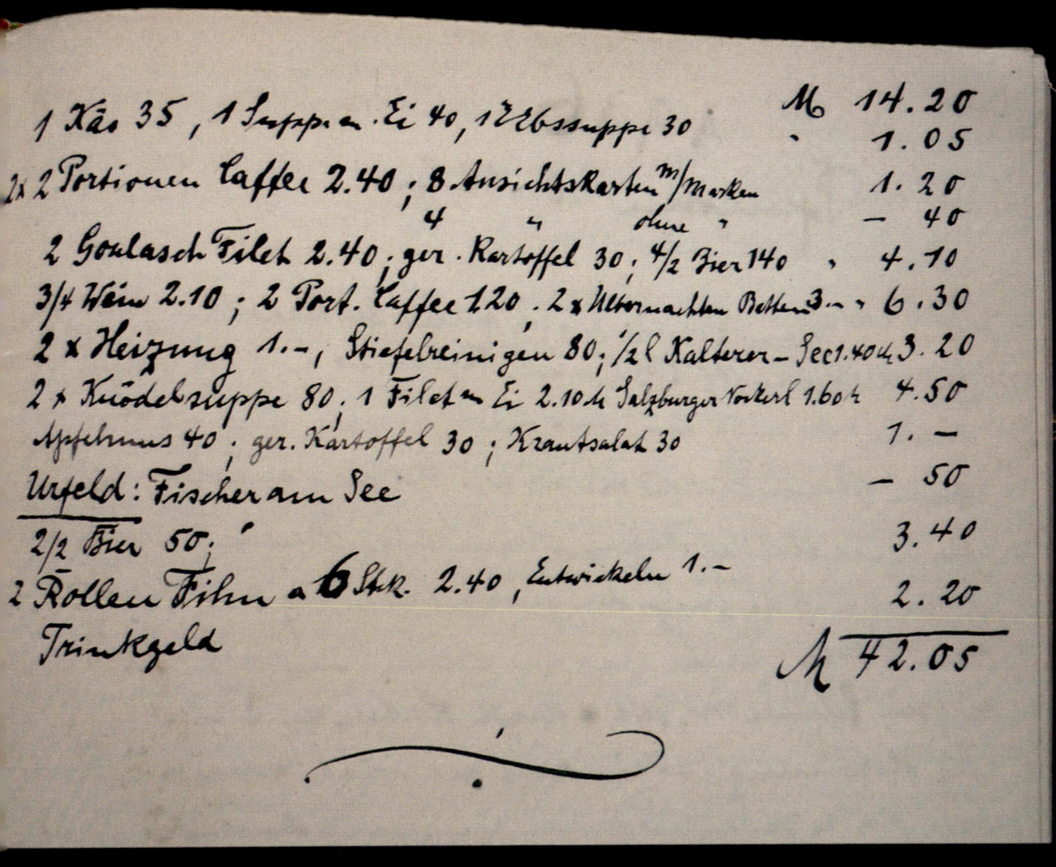

1 Käs 35, 1 Suppe m. Ei 40, 1 Erbssuppe 30 — M 14.20
— 1.05
2x 2 Portionen Caffee 2.40; 8 Ansichtskarten m/Marken — 1.20
4 " ohne " — – 40
2 Goulasch Filet 2.40; ger. Kartoffel 30; 4/2 Bier 140 — 4.10
3/4 Wein 2.10; 2 Port. Caffee 1.20, 2x Übernachten Betten 3.– — 6.30
2 x Heizung 1.–, Stiefelreinigen 80; 1/2 l Kalterer – Sec 1.40 — 3.20
2 x Knödelsuppe 80, 1 Filet m. Ei 2.10, Salzburger Nockerl 1.60 — 4.50
Apfelmus 40; ger. Kartoffel 30; Krautsalat 30 — 1.–
Urfeld: Fischer am See — – 50
2/2 Bier 50 — 3.40
2 Rollen Film a 6 Stk. 2.40, Entwickeln 1.– — 2.20
Trinkgeld
M 42.05

Ehepaar Hübel

Zwischen 1912 und 1921 durchwanderten Marie und Toni Hübel die Alpen. Ihre »Gemeinsamen Berg- & Thalfahrten« führten sie auch nach Urfeld am Walchensee. Dort übernachteten sie im »Fischer am See« – Heizung kostete extra –, ließen ihre Stiefel putzen und spendierten 2,20 Mark Trinkgeld

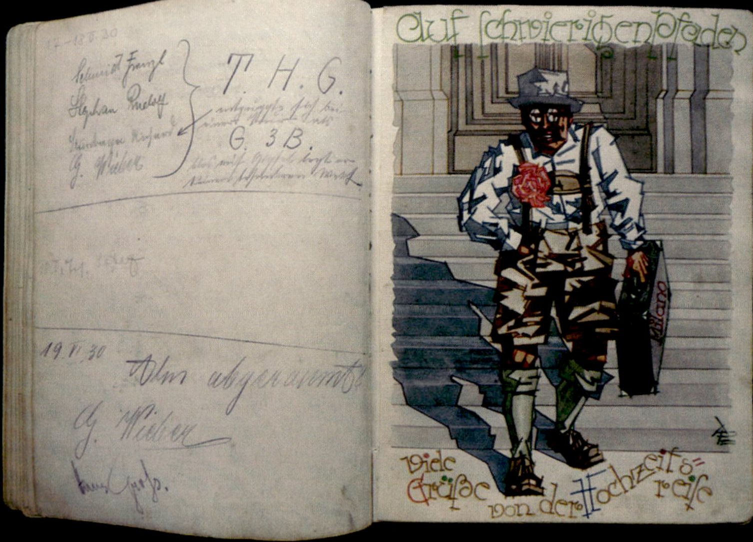

Flitterwochen

Im Hüttenbuch der Schönfeldalpe in den bayerischen Voralpen wurden bevorzugt Weltereignisse festgehalten: Im Sommer 1930 begab sich ein Mitglied der Alpenvereinssektion Oberland, der die Hütte gehörte, auf offenbar schwierige Hochzeitsreise. Auf den Seiten davor und danach: Fotos von feuchtfröhlichen Feiern. Ein Dokument für die berühmte Hüttengaudi

ZWISCHEN LEBEN UND TODESAHNUNG

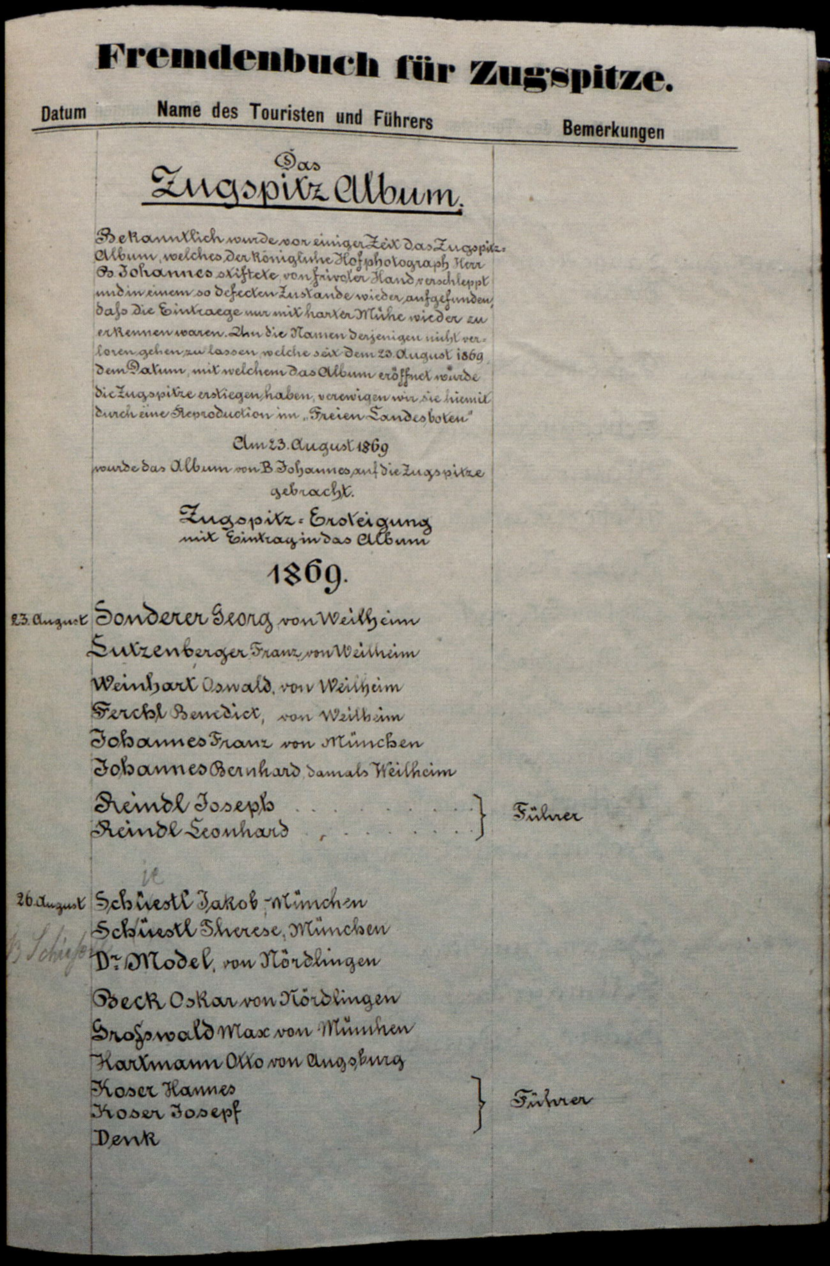

Fremdenbuch für Zugspitze.

Datum | Name des Touristen und Führers | Bemerkungen

Das
Zugspitz Album.

Bekanntlich wurde vor einiger Zeit das Zugspitz-Album, welches der Königliche Hofphotograph Herr B. Johannes stiftete von frivoler Hand verschleppt und in einem so defecten Zustande wieder aufgefunden, daß die Eintraege nur mit harter Mühe wieder zu erkennen waren. Um die Namen derjenigen nicht verloren gehen zu lassen welche seit dem 23. August 1869 dem Datum, mit welchem das Album eröffnet wurde die Zugspitze erstiegen haben, verewigen wir sie hiemit durch eine Reproduction im „Freien Landesboten“

Am 23. August 1869
wurde das Album von B. Johannes auf die Zugspitze gebracht.

Zugspitz-Ersteigung
mit Eintrag in das Album
1869.

23. August Sonderer Georg von Weilheim
Lutzenberger Franz von Weilheim
Weinhart Oswald, von Weilheim
Ferchl Benedict, von Weilheim
Johannes Franz von München
Johannes Bernhard damals Weilheim
Reindl Joseph . . . . } Führer
Reindl Leonhard . . . .

26. August Schiestl Jakob - München
Schüestl Therese, München
Dr. Model, von Nördlingen
Beck Oskar von Nördlingen
Großwald Max von München
Hartmann Otto von Augsburg
Koser Hannes } Führer
Koser Josepf
Denk

Buch gestohlen

Im »Fremdenbuch für Zugspitze« wurden die Besteigungen ab dem 23. August 1869 nachträglich festgehalten, da das Original-Gipfelbuch »von frivoler Hand verschleppt« worden war. Immerhin konnten die Menschen auf dem 2962 Meter hohen Gipfel noch gezählt werden – wie damals üblich stiegen die meisten Partien mit einheimischen Bergführern auf

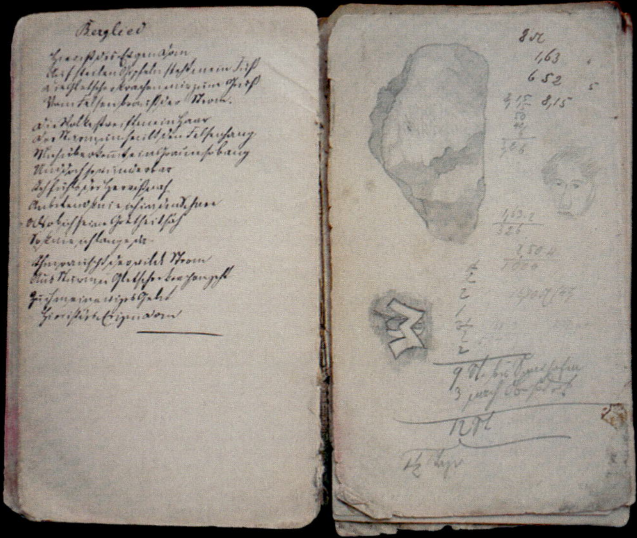

Georg Winkler

Ein »Berglied« textete Georg Winkler, einer der besten Kletterer seiner Zeit, in sein Buch. »Ich fühl's, der Herr ist nah / Anbetend knie ich in den Schnee / Als ob ich seine Gottheit säh / So knie ich lange da«, reimte der Münchner, der sich 1888 in typischer Pose ablichten ließ. Monate später stürzte er ab

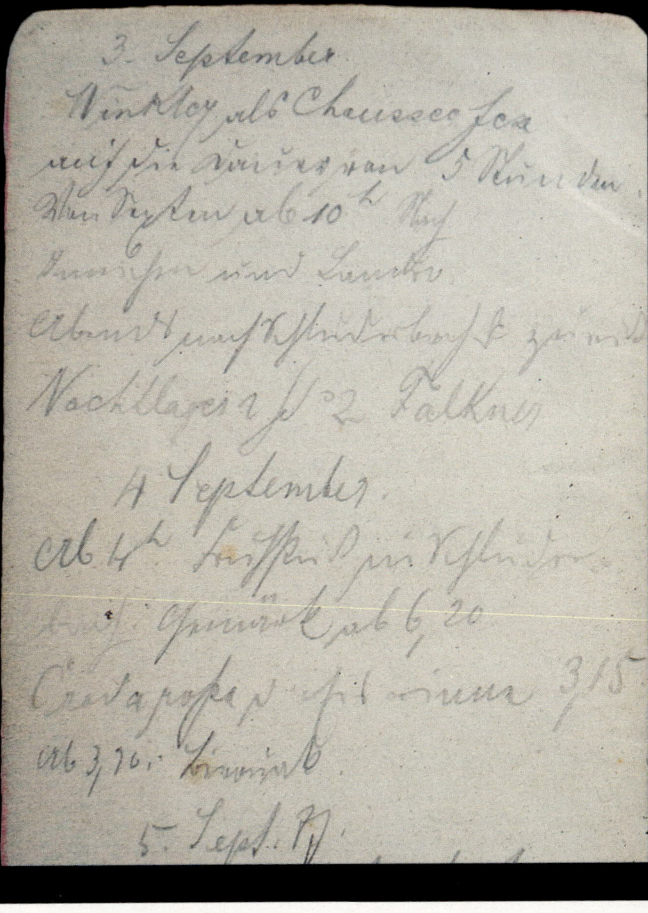
3. September

4 September

5. Sept.

kurzen Berichte, meist nur Weg- und Zeitangaben, signierte er mit „Georg Winkler, Gymnasiast, München". Aber so nüchtern er schrieb, so wild und nervenaufreibend waren seine Touren. Im Alleingang bewältigte er tief in die Berge gerissene, dunkle Schlunde. Er kletterte dort, wo sich zuvor niemand hingewagt hatte. Tollkühn stellte er sich Wänden und Graten, die Erfahrenere als unmöglich zu besteigen bezeichnet hatten.

In sein eigenes Tourenbuch, mit zehn mal 16 Zentimetern gerade so groß, dass er es gut im Rucksack verstauen konnte, notierte er für den „17/IX 87" zum Beispiel: „Gipfel des kleinsten Turmes in Vajolett, Steinmann, I. Besteigung." Diese Felszinne in den Dolomiten hatte zuvor als unerreichbar gegolten. Heute wird sie Winkler-Turm genannt, und der damalige Weg des jungen Münchners gilt noch immer als schwierig. Seine Aufzeichnungen betitelte Winkler ebenfalls schlicht: „Meine Wanderungen im Hochgebirge" heißen sie.

Immerhin: Ein Foto, datiert 1888, zeigt ihn in heldenhafter Pose. Das linke Bein angewinkelt, auf einen Felsbrocken gestellt, die Arme lässig auf einen langen Bergstock gestützt. Winkler trägt einen Lodenjanker, Gamaschen und schwere Schuhe. Neben ihm liegt ein Hanfseil. Unter seinem Filzhut blickt er, den Kopf nach links gewendet, in die Kamera. Einer der besten Kletterer seiner Zeit hat das Gesicht eines Buben.

Und hatte nur noch wenige Monate zu leben.

Winkler verehrte seinen sechs Jahre älteren Zeitgenossen Eugen Guido Lammer. Der Deutsch- und Geschichtslehrer aus Wien war ein kompromissloser Verfechter des Alleingangs in den Bergen. Einer, dem die Todesgefahr zur Sucht geworden war: „Was droht, lockt; wir suchen das Schreckliche. Nicht als ob wir stumpfen Sinnes nicht mehr wüssten, was gruseln heißt, o nein!, sondern weil wir in dem Becher des Grauens unsäglich süßen Bodensatz verkostet haben." Winkler empfand „ganz ähnlich" beim Bergsteigen, nämlich „überall dort am meisten Genuss, wo es am schwierigsten ist".

DREI JAHRE, bevor Winkler dies schrieb, legte Friedrich Nietzsche dem durch beständigen Kampf, durch stetes Ringen mit sich, durch seelisches Leid und körperliche Qual gestärkten Zarathustra die Worte in den Mund: „Die Luft ist dünn und rein, die Gefahr nahe und der Geist voll einer fröhlichen Bosheit: So passt es gut zueinander ... Wer auf den höchsten Bergen steigt, der lacht über alle Trauer-Spiele und Trauer-Ernste."

Gegen Ende des 19. Jahrhunderts nahmen Alpinisten wie Winkler und Lammer den Philosophen, der die Reifung durch Selbstüberwindung, die Individualität im Tun und den Willen zur Macht pries, beim Wort; und Nietzsche fand für seine Gedankenwelt Analogien in der Welt der Bergsteiger. Die Alpen wurden zu einer Arena der Selbstinszenierung, der Berg die Bühne, auf dem sich das männliche Ego präsentieren konnte.

Ein anonymer Schreiber ließ sich 1881 zu dem Satz hinreißen, erst das Bergsteigen ohne Hilfsmittel und im Alleingang mache „den Mann männlicher, den Menschen menschlicher, weil naturgemäßer".

In einem Brief vom 22. April 1888 schrieb Winkler an Lammer: „Ich bin mir über das movens bei meinen Touren längst →

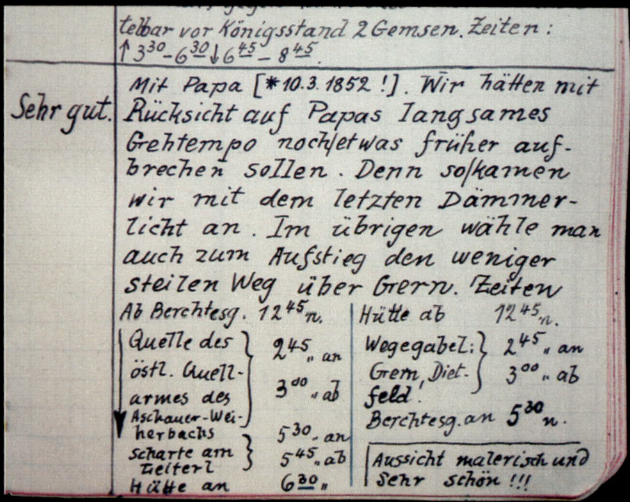

telbar vor Königsstand 2 Gemsen. Zeiten: ↑ 3³⁰–6³⁰ ↓ 6⁴⁵–8⁴⁵.

Sehr gut. Mit Papa [*10.3.1852!]. Wir hätten mit Rücksicht auf Papas langsames Gehtempo noch etwas früher aufbrechen sollen. Denn so kamen wir mit dem letzten Dämmerlicht an. Im übrigen wähle man auch zum Aufstieg den weniger steilen Weg über Gern. Zeiten

Ab Berchtesg.	12⁴⁵ n.	Hütte ab	12⁴⁵ n.
Quelle des östl. Quellarmes des	2⁴⁵ " an	Wegegabel: Gern, Dietfeld!	2⁴⁵ " an
Aschauer-Weiherbachs	3⁰⁰ " ab		3⁰⁰ " ab
	5³⁰ " an	Berchtesg. an	5³⁰ n.
Scharte am Teiterl	5⁴⁵ " ab	Aussicht malerisch und sehr schön!!!	
Hütte an	6³⁰ "		

Papa zu langsam

172 Abenteuer hielt der Bonner Bergfreund Ludwig Anschütz zwischen 1897 und 1952 in seinem Buch fest. Eine seiner frühen Wanderungen führte ihn von Berchtesgaden auf eine Hütte oberhalb des Wallfahrtsortes Maria Gern. Die Aussicht empfand er als »malerisch und sehr schön!!!«. Seinen Vater hatte die Tour überfordert

Auch Autor Tom Dauer hielt einen frühen Ausflug mit seiner Familie fest. Beim Aufstieg ins Wettersteingebirge war er sechs Jahre alt

klar geworden und erkannte bald, dass es die Gefahr ist, die, aufgesucht und überwunden, dem Manne unendliche Genugtuung und viele Befriedigung gewährt; … die Gefahr und die unendliche Großartigkeit des Hochgebirges in ihrer Vereinigung sind es, die uns dämonisch anlocken …"

Winkler war 18, als er in den Walliser Alpen abstürzte. Am Weisshorn, das er wie Lammer allein besteigen wollte.

DER WEDER TOD NOCH TEUFEL fürchtende Gipfelstürmer sah sich in den Alpen von der Aura eines Anderen, Größeren, Unerklärlichen gefangen. Genau wie der Wanderer Toni Hübel, für den die Alpen die Gipfel des Glückes waren, die gebirgige die bessere Welt. Er nahm sie als bedroht wahr. Nachdem er 1921 zum Kulmhotel Gornergrat in den Walliser Alpen gewandert war, formulierte er in seinem Tourenbuch den Kummer über das 3100 Meter hoch gelegene Haus und die 1898 dorthin erbaute Zahnradbahn – und gab die Debatte wieder, die über die technische Erschließung der Alpen geführt wurde. „Wie betrübend, dass auf solch einem Punkt ein solch Prunkhotel mit dem größten Comfort dort oben steht", schrieb er. „Wie viele verstehen die Aussicht nicht, sondern sie kommen, weil es bei manchem Menschen als modern gilt, auf solcher gemütlichen Höh gespeist zu haben."

Die Entzauberung der Alpen hatte begonnen.

Toni Hübel bedauerte nicht nur, dass er die Bergeinsamkeit nun mit vielen anderen Touristen teilen musste. Er spürte auch, dass die neue Form des Aufstiegs, das Hinaufschweben mit der Seilbahn – damals eine sensationelle Erfahrung –, seine Bergsteigerideale infrage stellte. Jahrzehntelang hatte man sich den Genuss der schönen Aussicht mit dem Schweiße des Aufstiegs verdient. War hart gegen sich selbst, verließ sich auf seine Kraft und Geschicklichkeit, erfuhr sich, indem man sich selbst herausforderte. Und war ordentlich ausgerüstet. Nun aber standen Damen in knielangen Röcken, Schnürstiefeln, pelzbesetzten Mänteln und Glockenhüten nicht nur am Fuße, sondern inmitten der Berge.

In den folgenden Jahrzehnten wurde der hehre Alpinismus der frühen Jahre immer mehr zu seiner eigenen Karikatur. Politisch missbraucht von den Nationalsozialisten, die ihre Blut-und-Boden-Ideologie im Kampf am Berg spiegelten. Zum Klischee verniedlicht von den Ofenbank-Abenteuern des späten Luis Trenker. Persifliert von einer Generation, die die alpine Ausrüstung – schwere Bergstiefel, Knickerbocker und Riesenrucksack – gegen Turnschuhe, Latzhose und Jutebeutel tauschte und dies als Protest verstanden wissen wollte.

NATÜRLICH GIBT ES unter den Bergsteigern auch heute noch die Hübels und Winklers; die Romantiker und die Todessehnsüchtigen. Die meisten Menschen sehen ihr Wochenendtun jedoch völlig unverkrampft. Sie wollen sich gesund wandern, einen Hauch von Abenteuer spüren. Oder ihren sportlichen Ehrgeiz befriedigen – wie jener penible Sportsfreund, der unter *www.wanderprofi.at* Buch führt über die Anzahl seiner Touren (636), über gelaufene Kilometer (10 319), überwundene Höhenmeter (763 600) und dafür benötigte Stunden (4473,37) – Stand März 2010.

Seit sich dank GPS und Handgelenkscomputer jeder Wegmeter, jeder Schritt und jeder Pulsschlag in der virtuellen Öffentlichkeit des Internets dokumentieren lässt, ist das private Tourenbuch endgültig unmodern geworden. Jene intimen Momente in den Bergen, die jeder anders erlebt und an die sich jeder anders erinnert – sie sind es heute kaum jemandem noch wert, festgehalten zu werden. Wer in der Zukunft auf die Gegenwart des Alpinismus zurückblickt, wird viel von Leistungen lesen. Und wenig von großen Gefühlen. ■

Tom Dauer, 40, führt sein Tourenbuch seit 34 Jahren. Inzwischen malt er zwar nicht mehr hinein, notiert aber noch immer genau, mit wem er wo unterwegs war. Die jüngste Exkursion hatte das Archiv des Deutschen Alpenvereins in München zum Ziel, wo er die abgebildeten Bücher fand. Der Besuch des Archivs ist nach Voranmeldung möglich: Tel. 089/21 12 24-0.

HOCHSOMMER MÄRCHEN

Sie wollen auf einer Almwiese liegen, mit der Familie wandern, die Fernsicht genießen? Oder Mountainbiken, draußen schlafen, gar den ersten 4000er bezwingen? Welche Regionen für was spitze sind

TEXTE ¬ TOM DAUER

SONNENBADEN

Höhe: ungefähr 300 Meter
Energieverbrauch: null
Ausrüstung: Badehose, Bikini, Outdoorsandalen, Sonnencreme

VALLE MAGGIA, TESSIN

WER VON DER PONTE BROLLA hinunterblickt, der muss schwindelfrei sein. Gut 33 Meter sind es von der Römerbrücke bis ins Flussbett der Maggia, deren dunkle Fluten an weißgrauen Granitblöcken nagen. Hier verzweigen sich die beiden Tessiner Täler Valle Maggia und Centovalli. Flussabwärts laufen, dann erreichen Sie die kühlen Fluten, können die Füße ins Wasser strecken – und auf den von der Sonne erwärmten Ufersteinen ausruhen. Von hier hat man den besten Blick auf die Kletterer an den nahen Klippen, die sich ameisengleich aufwärtsbewegen, um sich dann todesmutig in den Fluss zu stürzen. Zum Abendessen unbedingt in eine der Tessiner „Grotti": einfache Wirtschaften, deren Vorräte in Felsenkellern gelagert werden. Wem dies zu rustikal ist, der speist im Ristorante Centovalli. Dort gibt es das garantiert beste Risotto der Südalpen.

Ticino Turismo, *Via Lugano 12, Bellinzona, Tel. 0041-91/825 70 56, www.ticino.ch*
Ristorante Centovalli, *6652 Ponte Brolla, Tel. 0041-91/796 14 44, www.centovalli.com*

MOUNTAINBIKEN

Höhe: 1015 Meter
Energieverbrauch: mittel
Ausrüstung: Fahrrad

JULISCHE ALPEN

SLOWENIEN ist der einzige europäische Staat, dessen Nationalflagge ein Berg ziert: der Triglav. Die Verehrung der Slowenen für ihren höchsten Gipfel geht auf einen alten Mythos zurück. Darin wird der Berg als dreigipflige Gottheit verehrt, die über Himmel, Erde und Unterwelt wacht. Wer sich das „Königreich" – so der Schriftsteller Julius Kugy, der zu Beginn des 20. Jahrhunderts die Julischen Alpen erschloss – aus der Nähe ansehen will, setzt sich am besten aufs Rad. Von Mojstrana (640 Meter) strampelt man am wild schäumenden Flüsschen Bistrica entlang, vorbei an den spektakulären Peričnik-Wasserfällen, zu denen ein kurzer Fußweg führt. Gegen Ende der etwa 10 Kilometer langen Fahrt, stets auf einfachen Forstwegen, erreicht man die Hütte Aljažev dom (1015 Meter). Sie liegt in einem flachen Wiesenboden, über der steil und schattig die 1800 Meter hohe Nordwand des Triglav aufragt: ein Königreich, das sich mit dem Fahrrad leider nicht erschließen lässt.

TIC Kranjska Gora, *Tičarjeva 2, Kranjska Gora, Tel. 00386-4/580 94 40, www.kranjska-gora.si*

SOMMERRODELN

Höhe: 1248 Meter
Energieverbrauch: null
Ausrüstung: Sonnenhut, Bremshandschuhe, Pflaster für Notfälle

BLOMBERG, BAYERISCHE VORALPEN

EIN UNBEDEUTENDER HÜGEL ist der Blomberg, der sich etwa 50 Kilometer südlich von München am bayerischen Alpenrand erhebt. Die Gletscher der Würmeiszeit, die vor ungefähr 12 000 Jahren endete, plätteten ihn zu einem runden Buckel. Was ihn trotzdem hervorhebt, ist seine Infrastruktur: Auf dem Multifunktionshügel können Eltern wie Kinder glücklich werden. Per Sessellift geht es zur Mittelstation, wo die mit knapp 1300 Meter Länge, 17 Steilkurven und 41 Schikanen längste Sommerrodelbahn in Deutschland beginnt. Wer mutig ist, lässt seinen Schlitten bis zu 40 Kilometer pro Stunde schnell werden. Nach der Abfahrt können die Eltern in der Blomberg Tenne einkehren – und zusehen, wie ihre Kleinen auf Riesentrampolinen hüpfen, Mini-Kart fahren oder im Kleintiergehege Eichhörnchen füttern.

Blombergbahn Bad Tölz, *Am Blomberg 2, Bad Tölz, Tel. 08041/37 26, www.blombergbahn.de*
Blomberg Tenne, *Tel. 08041/55 99, www.blomberg-tenne.de*

→

ALMWANDERN

Höhe: 1270 Meter
Energieverbrauch: niedrig
Ausrüstung: Wanderschuhe, Trekkinghose, leichte Funktionsjacke

TUFFALM, SEISER ALM, DOLOMITEN

DIE SEISER ALM ist die größte Hochalm Europas. Mit 56 Quadratkilometern bedeckt sie eine Fläche wie der Starnberger See oder Hamburg-Nord. Über ihre Blumenwiesen am Fuße des Schlern verteilen sich 365 Hütten, Almen und Höfe. In den meisten wird Wanderern eine deftige „Marend" serviert: eine Vesper aus Südtiroler Speck, Bergkäse, Kaminwurzen und Brot. Besonders gut schmeckt sie in der Tuffalm, die in einer zweistündigen Wanderung von Seis (1004 Meter) über den Völser Weiher (1036 Meter) erreichbar ist. Letzterer wurde im 16. Jahrhundert als Fischteich angelegt. Heute ist das Angeln leider verboten – der See aber, 2009 zum schönsten Badesee Südtirols gekürt, fügt sich in die Landschaft, als wäre er immer schon da gewesen.

Seiser Alm Marketing, *Dorfstr. 15, Völs am Schlern, Tel. 0039-0471/70 96 00, www.seiseralm.it*

Tuffalm, Josef und Rosalinde Haselrieder, *Tel. 0039-0471/72 60 90, www.tufalm.it*

IM FREIEN SCHLAFEN

Höhe: ungefähr 1500 Meter
Energieverbrauch: niedrig
Ausrüstung: Isomatte, Daunenschlafsack, Gas- oder Benzinkocher, Feuerzeug

ÜBERALL

ES IST DAS VORRECHT des Bergsteigers, innezuhalten, wo immer es ihm gerade beliebt. Eine blumengespickte Almwiese, der Schutz einer Buche am Waldesrand, ein flaches Gratstück mit Aussicht: *loci amoeni,* liebliche Orte, die in den Bergen viel zahlreicher sind als schreckliche. Warum dort nicht länger bleiben? Den Tag verstreichen lassen, der Sonne beim Wandern zusehen, die Kühle des Abends spüren und sich dann in seinen Schlafsack kuscheln … Zuvor sollte man sich aber vergewissert haben, dass man nicht auf Privatgrund logiert. Dann ist das Biwakieren – das Schlafen unter freiem Himmel – in der Regel für eine Nacht erlaubt.

Rainer Höh: Outdoor-Praxis. Alles zum Erleben und Überleben in der Wildnis zu jeder Jahreszeit. *Reise Know How Verlag, 2008, 17,50 €*

FELSKLETTERN

Höhe: ungefähr 1800 Meter
Energieverbrauch: mittel bis hoch
Ausrüstung: Klettergurt, Kletterschuhe, Seil, Karabinerhaken, Helm

GLETSCH, GOMS, URNER ALPEN

DAS GOMS ist der höchstgelegene Bezirk des Schweizer Kantons Wallis: ein Talbecken, nach drei Seiten hin eingeschlossen von Grimsel-, Furka- und Nufenen-Pass. Im hintersten Winkel des Goms liegt die kleine Siedlung Gletsch. Nicht weit davon entfernt – dort, wo früher der Rhone-Gletscher die Talsohle berührte – gibt es einen Klettergarten. Das Besondere daran: Die beiden kurzen Wände, über die die unterschiedlichsten Routen laufen, führen in hochalpine Umgebung – und sind doch leicht erreichbar sowie für Anfänger und Kinder geeignet. Das Klettern am Rhone-Granit erfordert kaum Kraft. Die Griffe sind groß, dank der Reibung der Kletterschuhe auf dem Fels finden die Füße fast überall Halt.

Goms Tourismus, *Furkastraße, Fiesch, Tel. 0041/27-970 10 70, www.goms.ch*

Jürg von Känel: Kletterführer Schweiz: Plaisir Ost. *Filidor, 2007, 31 €*

→

Holde Weiblichkeit auf dem 2343 Meter hohen Männlichen in den Berner Alpen. Im Hintergrund: die Jungfrau

BERGWANDERN

Höhe: 2044 Meter
Energieverbrauch: mittel
Ausrüstung: Bergschuhe

HOLENKE, KANISFLUH, BREGENZER WALD

„ALL NÄCHT", heißt es in einer Sage aus dem Bregenzerwald, „muss das Männle nun die Kuh auf die Kanisfluh tragen und darauf wieder hinunterrollen." Zur Strafe wurde ihm dies auferlegt, weil es einem missliebigen Nachbarn Schaden zugefügt hatte. Tatsächlich bietet sich der breite Grasrücken, der von Süden auf die Bergkette der Kanisfluh hinaufzieht, für diese Sisyphus-Fron geradezu an. Von Norden her wäre es schwieriger: Da fällt die Kanisfluh senkrecht ab. Auch für den Wanderer ist es daher besser, am Gasthaus Edelweiß oberhalb des Bergdorfs Au zu starten, um über die Öberle-Alpe und den Hählesattel den Gipfel der Holenke (2044 Meter) zu erreichen. Dieser ist übrigens der einzige Gipfel der Kanisfluh, auf den ein markierter Pfad führt. Der Abstieg erfolgt über denselben Weg. Das hat den Vorteil, dass man im Gasthaus Edelweiß einkehren kann. Und wer dort übernachtet, erinnert sich vielleicht an „das Männle, wie es ächzt, dass man es bis zum Dorf hört. Und jedes Mal, wenn es die Kuh wieder droben hat, darf es ihr ein Härlein ausreißen, und wenn die Kuh gar kein Härlein mehr hat auf der ganzen Haut, ist das Männle erlöst."

Bregenzerwald Tourismus, *Gerbe 1135, Egg, Tel. 0043-5512/23 65, www.bregenzerwald.at*
Alpengasthaus Edelweiß, *Öberle, Au, Tel. 0043-664/432 48 40, www.alpengasthaus-edelweiss.at*

HÖHENWANDERN

Höhe: 2274 Meter
Energieverbrauch: mittel bis hoch
Ausrüstung: Bergschuhe, Funktionsbekleidung, Rucksack

HÖHENWEG, RIESERFERNER-GRUPPE, SÜDTIROL

UNWEIT VON REIN IN TAUFERS kam 1956 der Südtiroler Extrembergsteiger Hans Kammerlander zur Welt. Er war das sechste Kind einer Bauernfamilie. Als der kleine Hans einmal zwei Wanderern auf ihrem Weg zu den Gipfeln begegnete, folgte er ihnen einfach. So begann eine der erfolgreichsten Bergsteigerkarrieren des 20. Jahrhunderts. Seien Sie also aufmerksam, wenn Ihnen im Reintal ein Bauernbub hinterherläuft – es könnte ein ganz Großer werden. Für die Probe aufs Exempel starten Sie in Rein in

Taufers, folgen dem Weg zum Ebnerhof und weiter zur Unteren und Oberen Kofler Alm: Jetzt haben Sie bereits die Höhe erreicht, auf welcher der Arthur-Hartdegen-Weg einen breiten, von Gletschern geschliffenen Talkessel quert. Nach etwa sechs Stunden Gehzeit erreichen Sie die Hochgallhütte (ehemals Alte Kasseler Hütte, 2276 Meter). Der Abstieg ist schneller: In anderthalb Stunden sind Sie zurück am Ausgangspunkt.

Tourismusverband Tauferer Ahrntal, *Tel. 0039-0474/65 20 81, www.taufers.com*

Hochgallhütte, *geöffnet Mitte Juni bis Mitte Oktober, Tel. 0039-0474/67 25 50*

KLETTERSTEIGGEHEN

Höhe: 2865 Meter
Energieverbrauch: mittel bis hoch
Ausrüstung: Klettergurt, Klettersteigset, Helm

IRG-STEIG, GROSSER KOPPENKARSTEIN, DACHSTEIN

DIE RAMSAUER bewohnen ein liebliches Fleckchen Erde unterhalb des mächtigen Dachsteinmassivs. Man tut ihnen sicher nicht unrecht, wenn man sie als ein kleines, aber besonderes Bergvolk bezeichnet – denn immerhin bilden sie eine der größten evangelischen Gemeinden im sonst so katholischen Österreich. Gemeinhin wird den Protestanten nachgesagt, mit besonderem Arbeitseifer zu Werke zu gehen. Im Falle der Klettersteige, die an der Südseite des Dachsteins gebaut wurden, trifft dies ohne Zweifel zu: Allein im vergangenen Jahrzehnt entstanden sieben neue Eisenwege. Einer der schönsten ist der „Irg-Steig", den der Ramsauer Bergführer Hans Prugger 2004 mithilfe von Kollegen anlegte. Und über den er Klettersteiganfänger und -könner immer wieder gern auf den ausgesetzten Gipfel des Großen Koppenkarsteins führt.

Tourismusverband Ramsau am Dachstein, *Ramsau 40, Ramsau am Dachstein, Tel. 0043-3687/818 33, www.ramsau.com*

Hans Prugger, *Bergführerbüro Ramsau-Ort, Tel. 0043-3687/812 87, www.bergsteigerschule.net*

→

SPEEDFLYING

Höhe: 3970 Meter
Energieverbrauch: extrem
Ausrüstung: Spezialgleitschirm, extrem gute Nerven

EIGER, BERNER ALPEN

DER MANN HAT EINE KAMERA an seinem Helm befestigt. So sieht man mit seinen Augen, wie er… Ja, wie er was? Ski fährt und fliegt? Fliegend Ski fährt? François Bon und Antoine Montant starteten am Gipfel des Eiger in den Berner Alpen. An ihren Füßen waren Skier befestigt, an ihren Rücken Gleitschirme. Die Helmkamera lief… Man sieht zwei Skispitzen. Dahinter einen mit vielen Felsen durchsetzten Schneehang. Immer wieder hebt der Fahrflieger ab, springt über Steine und Abgründe. Bis auf einmal, ganz rechts im Blickfeld, eine scharfe Kante auftaucht. Man ahnt: Dahinter lauern die Tiefe, der Schatten, die Kälte, die Nordwand. Der Mann hält auf die Kante zu. Noch zehn Meter, noch drei, noch einen, dann springt er. Und fliegt. Fliegt die Eigernordwand hinab, immer wieder Schneereste in der Wand berührend. Bis er an ihrem Fuß landet. 2:23 Minuten hat die Fahrt gedauert. Auf YouTube im Internet ist sie zu sehen. Nachmachen sollte man sie lieber nicht.

Internet *www.speed-flying.com, www.youtube.com, Stichwort: Eiger Speedflying*

BERGSTEIGEN

Höhe: 4215 Meter
Energieverbrauch: hoch
Ausrüstung: Klettergurt, Bergschuhe, Steigeisen, Eispickel

PIRAMIDE VINCENT, MONTE ROSA, WALLISER ALPEN

MIT ZEHN GIPFELN über der magischen 4000-Meter-Marke ist das Monte-Rosa-Massiv der mächtigste Bergstock der Alpen. Auf seiner Südseite liegt das idyllische, urtümliche Gressoney. Das Dorf ist Ausgangspunkt für wunderschöne Wanderungen, die an der obersten Etage des Hochgebirges kratzen. Und vermutlich kommt man nirgendwo sonst in den Alpen so leicht zu einem Viertausender. Die Piramide Vincent zum Beispiel kann man ohne Hochtourenerfahrung – aber natürlich in Begleitung eines Bergführers – besteigen. Der Tagesausflug beginnt am 2936 Meter hohen Salati-Pass und führt über die Südflanke des Berges zum Gipfel. Ein etwas anderer Familientag: Die Bergführer von Guidemonterosa nehmen auch Jugendliche ab 13 Jahren mit auf Tour.

Guidemonterosa, *Località Tschaval 5, Gressoney La Trinité, Tel. 0039-0125/36 60 19, www.guidemonterosa.com*

VON UNTEN NACH OBEN GUCKEN

Höhe: gefühlte 4807 Meter
Energieverbrauch: null
Ausrüstung: Fernglas

MONT BLANC

AM 8. AUGUST 1786 erreichten der Medizinstudent Michel-Gabriel Paccard und der Kristallsucher Jacques Balmat den 4807 Meter hohen Gipfel des Mont Blanc. Den Anstieg hatten sie nicht nur aus Spaß an der Freude bewältigt: Mit ihrem Erfolg strichen sie das Preisgeld ein, dass der Genfer Naturforscher Horace Bénédict de Saussure 26 Jahre zuvor für die Erstbesteigung des höchsten Alpengipfels ausgesetzt hatte. Gut 100 Jahre später wurde die Geburtsstunde des modernen Alpinismus gewürdigt: mit der Enthüllung des bronzenen Balmat-Saussure-Denkmals. Balmat zeigt mit ausgestrecktem Arm zum Gipfel, die klassische Bergführerpose, Saussure richtet seinen Blick ungläubig nach oben. Der Dritte im Bunde, Paccard, fehlt. Vielleicht, damit Chamonix-Besucher dessen Stelle einnehmen können. Um gemeinsam mit den Erschließern des Mont Blanc zum Gipfel aufzuschauen.

Office de Tourisme, *85, place du Triangle de l'Amitié, Chamonix, Tel. 0033-450/53 00 24, www.chamonix.com* ■

Erwandere Dein Naturerlebnis!

Mist & Gloria

Beim Schweizer Ferrari-Treffen vor dem Kempinski Grand Hotel des Bains in St. Moritz fährt vor, wer zeigen will, was er hat

Champagner für alle? Oder neue Bescheidenheit? Im Schweizer Luxusrefugium St. Moritz wird gestritten. Klar, es war schon immer ein Magnet für Betuchte und Erlauchte. Aber geht es ganz ohne Berglertum und Ziegen?

FOTO ¬ **ANDRI POL** TEXT ¬ **ERWIN KOCH**

DIE ERSTE REISE INS ENGADIN, 1968 oder ein Jahr später, war Fiasko und Jubel zugleich. Zu fünft saßen sie im Opel Kadett, die Skier aufs Dach gezurrt, ein Osterausflug ins Jenseits der Alpen – doch als am Julierpass die spitzen Kurven sich mehrten, wurde zuerst der Schwester übel, dann dem Bruder, der Mutter. Endlich, drunten im Zaubertal, fand der Vater, der Schnee sei hier weiß wie nirgends auf der Welt, und verschrieb den Kindern, wider die drohende Schneeblindheit, die erste Sonnenbrille ihres Lebens, stolze Gestelle aus breitem, buntem Plastik.

Ariane Ehrat muss lachen bei dieser Erinnerung. Berge von Akten und Broschüren liegen auf den Tischen ihres Büros am Rande von St. Moritz, Regen klopft ans Fenster. Seit zwei Jahren ist sie, Vizeweltmeisterin 1985 in der Abfahrt, Chief Executive Officer von Engadin-St. Moritz, erste Verkäuferin des Tals zwischen Zernez und Maloja, 13 Gemeinden, 19 500 Eingeborene, 322 Sonnentage im Jahr, Champagnerklima.

„Diese einzigartige und urtümliche Landschaft ist unser Kapital", preist Ehrat, „eine Landschaft mit exzellenter Infrastruktur, eine Bevölkerung, die ihre Gäste seit 150 Jahren immer neu willkommen heißt." Als hätte sie ihre Rede geübt, fährt sie fort: „Die zu uns reisen, nippen am Paradies, bestehend aus Natur und Komfort, Tiefe und Magie, im Sommer und im Winter, am Berg und im Tal. Seen! Silbrige Gipfel! Lieblich und archaisch zugleich! Und dann dieser Duft! Diese Weite! Es ist im Engadin ein Licht", singt Ehrat, „das einen grundlos glücklich macht."

Sie blickt durchs Fenster hinüber zum Kempinski Grand Hotel des Bains – der Classic Single Room 290 Euro die Nacht, die Presidential Suite 10 770 Euro, ein Presslufthammer lärmt. „Und wo", fragt sie, „gibt es auf so engem Raum so viele gute Häuser?" „Hier", antwortet sich Ariane Ehrat, Executive Master of Science →

in Communications Management, und schiebt Statistiken über den Tisch:

7 Fünf-Sterne-Hotels, davon 5 in St. Moritz, 24 Vier-Sterne-Hotels, davon 8 in St. Moritz, 46 Drei-Sterne-Hotels, davon 11 in St. Moritz, 6 Zwei-Sterne-Hotels, 300 Restaurants, 29 davon mit Gault-Millau-Punkten, 2 mit Michelin-Sternen, 73 Bars im Winter, 69 Bars im Sommer, 20 Kunstgalerien, 14 Museen, 10 Schneebars, 6 Discos, 1 Casino

„Was wir haben, das hat Dubai nicht. Das hat Aspen nicht. Auch Vail nicht." Aber Sie haben, mit Verlaub, einen beschädigten Ruf. „Wie bitte?", staunt Frau Ehrat. St. Moritz gilt als die hochalpine Protzmeile! Aber „eine Superausgangslage" findet sie das.

Ihr Ziel sei es, sagt Ehrat, Jahrgang 1961, blond und klug, dass in fünf Jahren jede und jeder, der St. Moritz höre, an die großartige Engadiner Landschaft denke, die zu genießen man hier das Vorrecht habe. Und dass alle, wenn sie Engadin hörten, an St. Moritz dächten, das – zugegeben – bei Begüterten und Eleganten sehr beliebt sei, zum Glück, denn die streuten seinen Ruf von Jahr zu Jahr.

NIETZSCHE WAR HIER, Hitchcock, Thomas Mann, Chaplin, die Garbo, die Bardot, die Kennedys, der Schah von Persien. Die Agnellis sind hier, die Pradas, De Benedettis und Berlusconis. Burda, Flick, Bogner, Grimaldi, Niarchos, von Opel, von Ribbentrop, von Habsburg, von Hornstein und so mancher Russe, sein pelzbeladenes Kleinod am Arm.

Ein kultureller Schmelztiegel sei das, sagt Ehrat. Eine Plattform für Netzwerke. „Das erste Weltwirtschaftsforum war, ohne sich als solches zu begreifen, in Wirklichkeit hier", flammt Ariane Ehrat und gießt Wasser nach. Dann, plötzlich verschattet, sagt sie: „Aber der Wettbewerb ist brutal."

Eine Studie im Auftrag des Schweizer Staatssekretariats für Wirtschaft nennt St. Moritz-Pontresina die attraktivste Feriendestination in den Alpen überhaupt, winters und sommers – nicht aber die erfolgreichste. Und also ist alles erlaubt,

Die PR-Dame schwärmt: Dieser Duft! Diese Weite! Es ist im Engadin ein Licht, das einen grundlos glücklich macht

was im Oberengadin Übernachtungen schafft, rund 1,8 Millionen im Winter, 1,6 Millionen im Sommer:

580 km Wanderwege, 400 km Fahrradwege, 350 km Pisten (30 Prozent maschinell beschneit), 225 km Nordic Walking Trails, 200 km Langlaufloipen, 13 Bergbahnen im Sommer, 56 Bahnen und Lifte im Winter, 5 km Vollmondabfahrten, 4,2 km Nachtpisten, 4,2 km Schlittelbahn, 2 Fun Parks, 2 18-Loch-Golfplätze, 1 9-Loch-Golfplatz

Snowsafari, Kitesurfing, Canyoning, Hydrospeeding, Walk of Art, Concours Hippique, Clean Energy Tour, Cricket, Polo, White Turf, Cresta Run, Bob Run, Curling, Inline Skating, British Classic Car Meeting, Gourmet Festival.

Doch das Paradies ist kurz, 57 Kilometer.

Im Schaufenster von Engel & Völkers, an der Via Serlas 35, St. Moritz, werden angeboten: 3,5 Zimmer im Engadiner Stil, 82 Quadratmeter, für 1,2 Millionen Euro. Und ein Penthouse, 333 Quadratmeter weit, für 5,7 Millionen.

Manchmal, wenn ihre Mission sie zu erdrücken droht, rennt Ariane Ehrat eine Stunde lang bergan, hinauf zu einem Grat, knapp unterhalb der Waldgrenze, und stellt sich neben eine mächtige Arve, gekrümmt von tausend Wintern, kräftig wie ehedem. „Ein Sinnbild", sagt sie, „ein Sinnbild für diesen Ort hier, für dieses Tal, das den Stürmen der Zeit seit Jahrhunderten mit Innovationen trotzt."

1864 erster Verkehrsverein der Schweiz, 1878 erstes elektrisches Licht in der Schweiz, 1880 erstes Curlingturnier auf dem Kontinent, 1889 erstes Golfturnier in den Alpen, 1889 erstes Telefon im Kanton Graubünden, 1890 erste Bobbahn, erstes Bobrennen, 1896 erstes Hotel mit Namen Palace

Neben Badrutt's Palace Hotel, einem Gehäuse aus gebrochenem Stein, aus Türmchen, Erkern und Zinnen, steht links eine Filiale der Privatbank Julius Bär, rechts lockt Prada, daneben Cartier, dann Versace, gegenüber die Galerie Gmurzynska, Chanel, Louis Vuitton. An Weihnachten und Neujahr, heißt es, vergnügten sich rund 30 Milliardäre im Ort, einer auf 170 Einwohner. Im erlesenen King's Club, Dresscode „smart casual", kosten dann drei Deziliter Wasser 20 Euro, die Flasche Dom Pérignon 950. Mancher Laden an der Via Serlas schafft sich seinen Jahresumsatz in sechs hochwinterlichen Wochen, jeweils dann, wenn die Abwässer mehr Benzoylecgonin in die Kläranlagen schwemmen als üblich, ein Abbauprodukt von Kokain.

„Ein Klischee", sagt Ariane Ehrat und lächelt sehr freundlich. Sie hat schönere Klischees, um ihr Ziel zu verfolgen, welches lautet: Die Marke Engadin stärken, die Marke St. Moritz schärfen.

WAS IMMER das bedeuten mag", knurrt Peter Robert Berry IV. Er sitzt auf altem, hohem Gestühl in der Mitte von Schachteln, Büchern und ausgestopftem Vieh, Murmeltieren, Schneehasen, Schneehühnern, an den Wänden leuchten die Bilder seiner Vorväter in Öl, Urgroßvater, Großvater, Vater, alle waren sie Mediziner, Ärzte in St. Moritz, und hießen Peter Robert Berry.

„Wir sind hier eine K.-und-K.-Gesellschaft", sagt Berry IV und schlägt ein Bein vornehm über das andere. „Kuh und Kur – Mist und Gloria! Mit allen Reaktionen, die diese Stoffe bewirken."

Im Lauf von kurzen 15 Jahren, sagt Berry, habe das Dorf St. Moritz einst sein Selbstverständnis gewechselt wie ein Hemd, zwischen 1850 und 1865 sei aus dem Bauernnest eine Sommerferiendestination geworden. Und „daran, man mag es bedauern oder nicht, waren auch meine Vorfahren schuld", sagt Peter R. Berry, Jahrgang 1952 und fahl wie das Hündchen, das nicht von ihm weicht.

Berrys Urgroßvater, der als Regimentsarzt der Swiss-British Legion im Krimkrieg gestritten hatte, zog in der Mitte des 19. Jahrhunderts ins Engadin. Seine Schwester lebte bereits hier, verheiratet mit einem gewissen Johannes Badrutt, der eine Pension betrieb für Gäste, die, von Pferden gezogen, sommers über die Pässe Albula und Julier kamen, um sich im heilsamen Wasser von St. Moritz zu behandeln. Berry I war bald Kurarzt, ehelichte die Tochter des reichen Gemeindepräsidenten, die eine Truhe mit in die Ehe brachte, darin ihr privates Gut.

„Da steht sie", sagt Berry IV und zeigt auf ein Behältnis, überzogen mit Leinen, bestickt mit Blumen und der Jahreszahl 1818. Und eines Tages, erzählt er weiter, wahrscheinlich im Herbst 1862 oder ein Jahr später, habe sein Urgroßvater einem sehr schwachen Patienten, Pfarrerssohn aus England, geraten, nicht nur den Sommer im Engadin zu verbringen, auch den Winter, an hellem Licht und dünner klarer Luft. Der Kranke, wohl oder übel, habe zugestimmt und im Haus von Johannes Badrutt ein Zimmer bezogen, denn winters waren alle Herbergen geschlossen. „Und siehe, im Frühling war der gesund", sagt Berry IV im dunklen Raum, Via Arona 32, wo er einst, bevor er sich ganz der Fliegerei und der Pflege seiner Immobilien verlobte, Patienten empfing.

Dass der Engländer nun wieder gesund war, gefiel auch Johannes Badrutt, der, ständig auf der Suche nach Gästen, seine Pension zu einem Hotel erweiterte. Also habe, redet Berry, dieser Badrutt, Schlaumeier, im September 1864 vier Engländern anerboten, auch den kommenden Winter in St. Moritz zu verbringen, auf Badrutts Kosten, damit sie am eigenen Leib erführen, wie gesund und wohlig das Leben selbst bei Schnee und Eis hier sei.

Die Engländer blieben – und besangen zu Hause das Paradies. Der Wintertourismus war erfunden, St. Moritz begann zu wuchern und nahm an Bewohnern schnell zu, 394 im Jahr 1880, 3197 im Jahr 1910.

HERR BERRY, was fiele Ihrem Urgroßvater ein, wenn er sähe, was aus St. Moritz geworden ist? Berry IV, feiner Schnurrbart, feine Brille, streicht sich die Hände warm am Manchesterstoff der Hose und überlegt nicht lange: „Den Kopf würde er schütteln, ganz klar."

Und jetzt falle ihm, spricht Berry IV unter feinem Stuck, ein Aufsatz ein, den sein Großvater schrieb im November 1898, Dr. Berry II, der schließlich Maler wurde, Künstler, und sich in den Wintern zurückzog auf die Passhöhen von Julier und Bernina, um dort, getröstet vom Nichts, zu malen. Dieser, sein Großvater, sagt Berry IV, habe damals notiert, bis anhin habe, wer ins Engadin wollte, sich sein Glück verdienen müssen, die hohen Berge rund ums Tal seien ein natürliches Hindernis gewesen für jeden – aber jetzt, da man einen Tunnel durch den Albula breche, werde die Perle Engadin mit amtlicher Hilfe entjungfert.

„Ich sehe, schrieb mein Großvater vor 112 Jahren, ich sehe das Engadin schon bald überbaut." Auch dank der Berrys, Herr Berry! „In vier Generationen stellten wir hier acht Häuser auf. Es kam einiges zusammen." Ihr Vater, Berry III, holte Stavros Niarchos, den reichen griechischen Reeder, der hier zwei Bergbahnen hochzog ... „Mein Vater war Niarchos' Leibarzt. Und mein Vater, in aller Bescheidenheit, verhalf Niarchos zum Carlton Hotel, zum Kulm und zur Chesa Chantarella. Die gehörten heute sonst dem Club Méditerranée."

Was wäre schlimm daran?

„Die Unverwechselbarkeit von St. Moritz, trotz allem, litte noch mehr."

Unverwechselbarkeit?

„Besagte Mischung aus Mist und Gloria, die hier, wenn man genau hinschaut, nach wie vor das Leben bestimmt."

Berrys Handy schnarrt, er entschuldigt sich sehr höflich, bespricht dann den Kauf eines Hauses, wild verwirft er den freien Arm, und das Hündchen, mit großen Augen, folgt jeder Bewegung.

„Wo sind wir stehen geblieben?"

Bei Mist und Gloria.

„St. Moritz ist ein Rolls-Royce, bespritzt mit Dung."

Der Arzt in vierter Generation sagt: Mein Urgroßvater würde den Kopf schütteln, wenn er sähe, was aus St. Moritz geworden ist

Der Dung ist die Landschaft?

„Der Dung ist das Ursprüngliche, unser Berglertum."

Es zu verteidigen, lässt sich Berry IV von manchen den Robin Hood der Hochmoore schimpfen. Weil er sich, vielleicht im Geiste von Berry II, gegen den Wildwuchs wehrt, Ferienhaus nach Ferienhaus, Apartment nach Apartment. Bereits vor 19 Jahren habe er seinen Wagen vor einen Bagger gestellt, den Gemeindepräsidenten, sagt Berry IV, habe er wegen Amtsmissbrauchs verklagt, eine Aufsichtsbeschwerde habe er finanziert, 20 000 Euro teuer. Und so fort.

Dr. med. Peter R. Berry IV zieht den Pullover glatt, Cashmere, bordeaux.

EIN SCHÄLCHEN GERSTENSUPPE kostet in der Diamond Club Lounge an der Via Maistra 9,50 Euro, der Strauß stammt aus Tschechien oder Neuseeland, die Antilope kommt aus Südafrika.

„Afrika", haucht Claudio Caratsch. „Afrika war etwas vom Besten", sagt er und lächelt. „Aber nie so gut wie das Engadin. Wo auch immer ich war, in jedem Jahr meines Lebens, 74, reiste ich zumindest einmal hierher."

Und hier möchten Sie sterben?

„Und begraben werden", sagt Dr. Caratsch, Licence ès lettres, Diplôme Sciences politiques, Diplôme Institut d'Etude du Développement Economique et Social, ehemaliger Botschafter der Schweiz in der Elfenbeinküste, in Burkina Faso, Niger und Guinea, Ägypten und Sudan und vielen anderen Ländern, ins Haus seines Vaters zurückgekehrt vor neun Jahren, ein paar Autominuten neben St. Moritz, flussabwärts, 676 Menschen, viertkleinstes Dorf im Oberengadin, mächtige Häuser mit dicken Mauern, eine Kirche, die Post, der Laden. S-chanf heißt das Dorf.

Am Fenster zum Inn steht afrikanische Kunst, die Möbel erinnern an Versailles, die Decke, quadratische Kassetten, ist aus heimischem Holz, Arve, *Pinus cembra*. Claudio Caratsch sitzt in seiner Engadinerstube, die einst ein Heustall war, er reibt sich die Hände, Licht in den Augen.

Sein Leben lang, sagt er, habe er darauf gewartet, endlich hier leben zu kön- →

nen. Im Grunde habe er seine Familie verlassen, seine liebe Frau, die in Genf geblieben sei, in der Nähe der Kinder, doch Genf, sagt Caratsch, langweile ihn bereits nach zwei Wochen.

St. Moritz kam für Sie nie infrage?

Caratsch verzieht das Gesicht. „St. Moritz ist Disney."

Aber St. Moritz bringt Geld!

Er sei nicht gegen St. Moritz, keineswegs, sagt der ehemalige Diplomat, aber sehr froh, dass die Korken vor allem dort knallten.

Dr. Claudio Caratsch, geboren in Berlin als Sohn eines Korrespondenten der „Neuen Zürcher Zeitung", im Alter von einem Jahr zum ersten Mal ins Engadin gebracht, um hier seinen Keuchhusten zu kurieren, ist Präsident der Terrafina, einer Stiftung mit dem Zweck, die Landschaft des Oberengadins vor der weiteren Zerstörung zu bewahren, Qualität vor Quantität. Terrafina schreibt gegen Hochhäuser an, gegen die Ausdehnung der Bauzonen, gegen weitere Bergbahnen, gegen den zügellosen Bau von Zweitwohnungen.

„Tatsache ist", wettert Caratsch in seiner Stube, „dass 58 Prozent der Wohnungen im Oberengadin Zweitwohnungen sind, Ferienwohnungen, die im Durchschnitt nur während 42 Tagen im Jahr benützt werden, kalte Betten. Ein Unsinn! Pro Übernachtung bedeutet dies einen Bodenverschleiß jenseits jeder Vernunft."

Und also setzten die Terrafina-Mitglieder und Gleichgesinnte im Sommer 2005 eine Volksabstimmung durch: 72 Prozent der Oberengadiner entschieden, den Bau von Zweitwohnungen fortan zu beschränken – auf 12 000 Quadratmeter Bruttogeschossfläche jährlich, auf rund 100 neue Wohnungen statt auf 400 wie bis dahin.

Ein Sieg?

Dr. Claudio Caratsch wiegt den Kopf: „Mit Schönheitsfehler." Denn der Kreisrat habe eine Lücke ins Gesetz eingewirkt, Artikel 7.2, der es erlaube, Bauvorhaben im sogenannten öffentlichen und volkswirtschaftlichen Interesse teilweise oder ganz von der eben beschlossen Beschränkung zu befreien.

„Die Ausnahme wird irgendwann zur Regel", fürchtet Caratsch. „Als wären wir in Afrika", sagt er, der Präsident der Stiftung Terrafina, schöne Erde.

Der dichtende Bauer sagt: Ich träume davon, dass wir wieder zurückfinden zu uns selbst. Zu Maß und Natur

DREI VIERTEL DER BESCHÄFTIGTEN im Oberengadin sind Dienstleistende. Nur drei Prozent der Arbeitenden sind es noch im Wald oder in der Landwirtschaft.

Göri Klainguti, wehendes Haar, struppiger Bart, ist Bauer aus Passion, 40 Ziegen, 15 Mutterkühe und ihre Kälber, fünf Pferde. Still hockt er in seinem mächtigen, mit Malereien verzierten Haus am Rand des Flugplatzes Samedan, wo die Genießer in ihren Privatjets anreisen, rund 17 000 Flugbewegungen im Jahr.

„Der Lärm stört mich wenig", sagt Klainguti, „aber tagelang, vor allem im Winter, riecht es hier nach Kerosin."

Klainguti legt den Kopf in die rechte Hand, stützt den Arm auf den alten Küchentisch und schweigt und schaut zum kleinen Fenster. Wind fährt durch das Oberengadin und zaust die Arven.

„Von was ich träume?", sagt er endlich, „Vielleicht davon, dass wir merken, dass es so nicht geht. Dass wir zurückfinden zu uns selbst. Zu Maß und Natur."

Er, Sohn eines Hoteliers aus Pontresina, Spross einer Familie, die ein Jahrhundert lang nach Genua zog, dort eine Zuckerbäckerei betrieb und, wenn es ans Sterben ging, ins Engadin zurückkehrte, Klainguti war Lehrer, Oberstufe, bevor er in die Landwirtschaft wechselte, auf den Hof Acla Champagna am Ende des höchstgelegenen Flugplatzes in Europa, der sich Engadin Airport nennt.

Der Kanton Graubünden, Eigentümer des Engadiner Flughafengeländes, möchte das Grundstück verkaufen. Kaufen möchte es die Engadin Airport Aktiengesellschaft, die zum größten Teil einem Zürcher Milliardär gehört, einem Devisenhändler, der in St. Moritz, an teuerster Lage, eine seiner zahlreichen Bleiben hat.

„44 Millionen Euro will der ausgeben", sagt Klainguti. „Für – wörtlich – ein hochalpines aviatisches Kompetenzzentrum." Es schüttelt ihn.

Und also, dem zu trotzen, wurde der Bauer Göri Klainguti, der auch malt und dichtet, im Alter von 63 Jahren noch Politiker, Kreisrat der Freien Liste. Im April 2008 entschied der Kreisrat Oberengadin mit 26 gegen eine Stimme, den Kanton anzuhalten, seinen Flugplatz nicht zu verkaufen, auf jeden Fall, so dachte mancher, nicht diesem Milliardär, der, es stand in der Zeitung, sich in England ein ganzes Dorf erstand, einfach so, für 50 Millionen Euro, und den Bahnhof von St. Moritz nachbauen ließ im Maßstab 1 : 4.

NACHTS, wenn er nicht schlafen kann, setzt sich der Dichter Göri Klainguti, Schiller-Preis 2005, an den Computer und bricht, auf Romanisch, auf in eine andere Welt. Einmal schrieb er, immer dann, wenn er den Stall seiner Ziegen ausmiste, komme ihm seine Zeit als Kellner in den Sinn.

Eines Mitternachts, im Grand Hotel eine Herrschaft bedienend, habe sich eine Scheibe besten Fleischs von der großen silbernen Platte gelöst, die er auftragen im Begriff gewesen sei. Die Scheibe sei fortgeflattert wie ein Buchfink, dann noch eine und noch eine, und schließlich seien auch die Scheiben geflogen, die auf den Platten seiner Mitkellner lagen. Diese Scheiben hätten sich endlich zu Körpern geformt, mit Beinen und Köpfen, und dann, von der Garderobe her, seien all die teuren Pelze der Gäste angeflogen und hätten sich über die nackten Körper gestülpt, bis daraus Ziegen wurden. Und die, wütend über die verwöhnten Fleischfresser, hätten einen Gast nach dem anderen auf die Hörner genommen.

Das, schrieb Klainguti eines Nachts, komme ihm manchmal in den Sinn. ■

Erwin Koch wurde 1956 im Tausendseelendorf Hitzkirch, Kanton Luzern, geboren – wo er heute wieder lebt. Seine Themen sucht er gern in der erweiterten Nachbarschaft.

Mit Sense und Gabel

TEXT ¬ SARAH WIENER

Von einer, die auszog, kulinarische Gipfel zu stürmen: Starköchin Sarah Wiener kostete auf ihrem Alpenstreifzug die ganze Vielfalt der Bergküche aus – und war am Ende so satt wie verblüfft

Schlutzkrapfen gelten als deftige Grundlage für die Feldarbeit. Auf dem Strumerhof in Osttirol senst Sarah Wiener ihr Essen dann auch selbst: Gräser für ein »Heulamm«

1. Sähmig: Bergblüten auf Graupen. 2. Würzig: Zutat für eine Heusuppe. 3. Rauchig: Südtiroler Speck muss mindestens 22 Wochen reifen. 4. Sahnig: Käse vom Bauernhof Lüch de Vanc

Wiener wartet: Auf der Allgäuer Laufbichl-Alpe transportiert eine Seilbahn die Milch von 55 Kühen von der Weide zur Sennküche. Bis zu 1100 Liter täglich werden zu Butter und Käse verarbeitet

ALS LEIDENSCHAFTLICHE WANDERIN und noch leidenschaftlichere Köchin hatte ich es mir schon lange in den Kopf gesetzt, die Küche der Alpen zu erforschen. Sicher, ich war schon in ungezählten Sommerferien auf österreichischen Hütten gewesen, um dort zu Mittag zu essen, auch im Winter beim Skifahren habe ich die eine oder andere Bergwirtschaft heimgesucht. Nur: Mit einer eigenständigen Alpenküche hat das dort Servierte, haben Gulasch und Apfelstrudel herzlich wenig zu tun.

Gibt es überhaupt so etwas wie eine Alpen-Esskultur? Isst man in den Schweizer Alpen anders als in den deutschen, den italienischen? Anderes als Gerichte aus Milch, Käse und deftiger Wurst? Und wie groß sind die regionalen Unterschiede?

Ich fand das Thema derart spannend, dass ich mich tatsächlich mit einem Filmteam auf den Weg gemacht habe. Quer durch Frankreich, Deutschland, Österreich und die Schweiz; eine Reise zu Köchen, Bauern, Sennern, Fischern, Hirten, die den Sternen nahe sind – weil sie hoch oben wohnen.

DIE ERSTE ENTDECKUNG: Überall kann köstlich gegessen werden, so denn ambitionierte und liebevolle Köchinnen und Köche hinter dem Herd stehen. Ausgerechnet in Deutschland, im Oberallgäu, probierte ich ein zartes Essen, das ich eher im mediterranen Süden vermutet hätte: Kalbsbries mit Flusskrebsen aus der Region. Die Krebse konnten sich in den intakten Ökosystemen der kleinen, heimischen Seen rund um Kempten vermehren und schmeckten köstlicher und intensiver als jede asiatische Krabbe und jeder Hummer, die je meine Zunge passiert haben.

Hoch über dem Königssee im Berchtesgadener Land habe ich auf der Gotzenalm geschlafen, Kühe gemolken und daraus den regionalen „Schüsselkäse" produziert – die simpelste Art, Käse herzustellen. Saure eingedickte Milch wird in einem Tuch zum Trocknen aufgehängt. Je länger man die dann entstandene Kugel aufbewahrt, desto mehr Stadien durchläuft der Käse: von cremig, flüssig, weiß bis steinhart und dunkelbraun. Am Ende kann man ihm nur noch mit einer feinen Reibe beikommen. Der Abrieb wird traditionell für Kasnocken verwendet: Käse mit ordentlich Butter in der Pfanne schwenken, Nocken hinzufügen, fertig. Ein Gipfelerlebnis für jeden Feinschmecker, obwohl weit entfernt von Mousse und Schaum. Dazu isst man einen Wildkräutersalat, dessen Zutaten, Spitzwegerich, Löwenzahn, Taubnessel und wilde Rauke, auf der nahen Almwiese wachsen.

Im österreichischen Salzkammergut dann habe ich im kalten Hallstätter See mit einem Fischer wilde Reinanken gefangen und, zubereitet mit Kräutern, verspeist. Als Nachtisch gab es Eis aus selbst gepflückten Walderdbeeren und eine weitere Sorte, von Bio-Honig gekrönt. Was ich nicht wusste: Die Berge eignen sich auch hervorragend für Imkerei. Nur die Bienenkörbe dorthin umzusetzen, wo gerade die Pflanzen blühen, ist ungleich beschwerlicher als in der Ebene. Und ein äußerst schmerzhafter Prozess, wenn man wie ich Bienenstich nur vom Backblech kennt.

Da es auf den Almen traditionell viel Milch gibt, ist es eine gute Idee, daraus Eis zu machen, Sahne, Butter, Quark und Schmand; jede verarbeitete Köstlichkeit wird schließlich besser bezahlt als das Rohprodukt. Aus diesem Grund blieb auch der Käse mein treuester Reisebegleiter: In der Schweiz und in Frankreich habe ich einen einfachen Ziegenfrischkäse hergestellt. Und den berühmten Reblochon, einen ganz jungen Kuhmilch-Schnittkäse mit sahnig-zerlaufendem Inneren, der mild wie die Luft eines Frühlingsmorgens schmeckt. Er wurde mit einer Gewürzmischung paniert und mit einem kross gebratenen Stück Speck samt kleinem Salat serviert. Als Hauptgang aß ich gefüllte Kohlblätter mit Huhn, Speck und Seitlingen.

Viele Alpenbewohner sammeln die unterschiedlichsten Arten von Pilzen. Krause Glucke, Maronen, Steinpilze, die dann, eingeweckt oder getrocknet, für harte Winter aufbewahrt werden. Überhaupt: In den Alpen scheint Haltbarmachen das Thema der Küche zu sein. Da die Sommer kurz und die Winter lang sind, haben sich die Alpenländler zu Spezialisten im Einsalzen, Räuchern, Einwecken, Einlegen und Trocknen entwickelt. Kurz: im Konservieren von Lebensmitteln. Ob dabei Enzianwurzeln und →

1

2

3

4

Gipfeltreffen: Sarah Wiener und Kuh Frenny – vor der Tränke mit dem wohl beneidenswertesten Ausblick der Laufbichl-Alpe

1

2

3

4

1. Herb: seltene Sorten der Gelben und Roten Bete. 2. Handfest: Kasknödelteig. 3. Herzhaft: das Vinschger Paarl, ein würziges Roggenbrot. 4. Himmlisch: Zwetschgenkuchen à la montagne

Aprikosen zu Schnaps werden – wie in Deutschland und der Schweiz – oder das weltberühmte Bündnerfleisch seinen einzigartigen Geschmack der Trocknung in besonderer Bergluft verdankt: Die oft extremen klimatischen Bedingungen des Alpenraums haben die Küche entscheidend geprägt. Selbst Brot, zum Beispiel das Schüttelbrot, wird mit einfachen Zutaten (Wasser, Getreidemehl, Salz) geknetet und dann monatelang aufbewahrt. In manchen Regionen haben Brotlaibe noch heute ein Loch in der Mitte: für einen Stock, mit dessen Hilfe man sie unter der Decke aufhängt, unerreichbar für Ungeziefer.

EBENFALLS IN ÖSTERREICH, genauer auf dem Strumerhof bei Matrei in Osttirol, habe ich eines der besten Berglämmer meines Lebens gegessen; es schmorte auf einem Bett von Heu, das ich tags zuvor an einem Steilhang auf 1450 Metern mit der Sense selbst gemäht hatte. Vielleicht schmeckte es aber auch nur deshalb so grandios, weil ich rechtschaffen müde und hungrig war. Die Köchin und Bergbäuerin servierte mir vorab einen Aperitif mit Goldmelisse und eine „Unkrautsuppe", in der sich mehr als ein Dutzend verschiedene Wildkräuter befanden. Vom Süßen Rotklee über Vogelmiere, die wie junge Maiskolben schmeckt. Ich bekam eine Ahnung, welches botanische und kulinarische Wissen uns Köchen der Niederungen in den vergangenen Jahrzehnten abhandengekommen sein muss!

Die Suppe war leicht und klar und enthielt als Basis feine Streifen von alten Kartoffelsorten, die seit Jahrhunderten im rauen Klima der Berge wachsen und überhaupt nichts mit unseren hochgezüchteten Hybridsorten gemein haben. Die Kräuter waren erstaunlich mild und harmonisch in ihrer Üppigkeit – definitiv meine liebste Speise während der gesamten Tour.

Erkenntnis des Tages: Die Artenvielfalt ist in den Bergen außergewöhnlich, denn glücklicherweise eignen sich die Höhen nicht zur industriellen Landwirtschaft, und Pestizide bleiben Böden und Pflanzen weitgehend erspart. So sind sie über die Zeit von sich aus robust und resistent geworden: alte Gemüse- und Obstsorten wie die Palabirne und die Vinschgauer Marille, seltene Nutztierrassen wie das Rätische Grauvieh, das Walliser Landschaf oder das Wollschwein.

Und im schweizerischen Engadin überraschte mich die Vielfalt der Alpenküche und ihrer Zutaten wieder: Zitronat, Rosinen, Nüsse – ganz sicher keine Ingredienzen, die aus den Bergen kommen! Das Geheimnis diesmal ist die geographische Lage, die Nähe zu Italien und den berühmten Schmugglpfaden. Was man nicht hatte, wurde über die Grenze in die Region gebracht, und zwar über schwindelerregende Höhenwege. Die gleichen Pfade dienten auch den Wilderern, die ihr Überleben mit der Gamsjagd sichern wollten und nicht selten dafür ihrerseits von der Obrigkeit zur Strecke gebracht wurden.

Natürlich habe ich deftige Wurst gegessen, Speck in rauen Mengen und kräftigende Braten, aber in der französischen Haute-Provence wartete auf mich auch noch der Beweis, dass die Alpenküche sehr leichtfüßig und fein daherkommen kann: Ich aß in Barcelonnette ein köstliches, geschmortes Kaninchen mit Bergen von Salbei und Ravioli, mit Kürbis und Kartoffeln gefüllt. Ein Essen so ganz nach meinem Geschmack – und eine weitere von unzähligen Facetten alpiner Kochkunst.

In Zukunft also werde ich auch in den Alpen nach regionalen Besonderheiten fragen und die typische Brettljause und den obligatorischen Apfelstrudel (den ich natürlich weiterhin liebe und zu Hause backen werde) verschmähen. Denn: Vielfalt und Einfallsreichtum der Küche in den Bergen haben mich überrascht. Da oben gibt es so viel mehr zu schmecken und zu entdecken, als ich Flachlandkind mir je habe vorstellen können. Und sind es nicht gerade die Alpen mit ihren herrlichen Weitblicken, die sich besonders eignen, um über den Tellerrand zu schauen? ■

▶ ALPENKÜCHE

Hier können Sie nachessen

SARAH WIENERS KULINARISCHE ALPENREISE führte ins Allgäu, das Salzkammergut und ins Berchtesgadener Land, ins Engadin, durch die Kantone Wallis und Waadt, nach Osttirol, Savoyen und in die Haute-Provence. Das Kalbsbries mit Flusskrebsen aß sie bei Eckehart Egger in der **Oberen Mühle**, *Ostrachstr. 40, Bad Oberdorf, Tel. 08324/28 57, www.obere-muehle.de*. Hoch über dem Königssee übernachtet? Hat sie in der Berggaststätte **Gotzenalm**, *Tel. 08652/628 12 (März bis Mitte Mai) und 08652/69 09 00 (Mitte Mai bis Oktober), www.gotzenalm.de*. Das in Heu geschmorte Berglamm mit Unkrautsuppe servierte Anna Holzer vom Kräuterwirtshaus **Strumerhof**, *Hinteregg 1, Matrei, Österreich, Tel. 0043-48/75 63 10, www.strumerhof.at*; die Vielfalt im Engadin bot Daniel Fischer vom Gast- und Kulturhaus **Piz Tschütta**, *Vnà, Schweiz, Tel. 0041-81/860 12 12, www.hotelvna.ch*. Und das Kaninchen mit Salbei wurde im Maison d'Hôtes du Vivier aufgetischt: **Hameau du vivier,** *Barcelonnette, Frankreich, Tel. 0033-4/92 81 19 65, www.maisondhoteduvivier.com*.

Sarah Wiener, 47, lernte auch Alphornspielen, Holzlöffelschnitzen und Schuhplattlern. Das und weitere Höhepunkte der Reise zeigt ARTE in „Die kulinarischen Abenteuer der Sarah Wiener in den Alpen", vom 19. bis zum 30. April, montags bis freitags um 19.30 Uhr.

Verfall, wo unlängst noch Mensch und Vieh zu Hause waren: die Alpe del Braco. Auch das nahe Dorf Pogallo mutet nur aus der Ferne intakt an

Zurück zur Natur

Im weltvergessenen Val Grande, westlich des Lago Maggiore, sehen die Alpen allmählich wieder so aus, wie sie wohl vor der Besiedlung des Menschen waren. Autor Tom Dauer hat sich auf eine einsame Wanderung durch die neue Wildnis gemacht

FOTOS ¬ MARC BECKMANN

1

2

3

INTERSPORT
adidas
IMPOSSIBLE IS NOTHING
Alexander und Thomas Huber
Trango Towers, Pakistan // Eternal Flame - Rotpunkt-Erstbegehung
Es ist das Ungewisse, das uns antreibt
Gratis on top! Die exklusive SIGG Bottle im black style.
Beim Kauf von adidas Outdoor Artikeln im Gesamtwert von € 129,90 bis zum
. Juni 2010 erhältst du eine Original SIGG Flasche. Alle Infos und teilnehmende
Händler unter www.intersport.de
adidas
SIGG

Egal, was du machst.
Mit TERREX wird es zum Erlebnis.
In der Natur suchst du die Herausforderung. Dabei kennst du keine Grenzen und willst deine Ziele erreichen. Vor allem willst du vorher nicht dein Outfit um Erlaubnis fragen müssen. Athletik, Design und Funktion sind für dich kein Widerspruch. Es ist dein Anspruch. Mit TERREX ist alles in Reichweite. TERREX ist adidas Performance für deine Outdoor Performance!
adidas
adidas Speed Flying Team
Michi Aschaber
Thomas Huber

adidas

IMPOSSIBLE IS NOTHING

(1)
FORMOTION™
GORE-TEX

(3)
FORMOTION™

(2)
FORMOTION™

(4)
FORMOTION™
TRAXION™

(1) TERREX Light WS Softshell | €199,95
Die integrierte ForMotion™ Technologie erlaubt dir uneingeschränkte Bewegungsfreiheit. Die einzigartige Hybrid-Konstruktion aus WINDSTOPPER® und Nano-Tex® sorgt immer für eine optimale Körpertemperatur. Auch in rot erhältlich.

(2) TERREX Pant M | € 74,95*
Sehr dehnbares Gewebe für erhöhte Bewegungsfreiheit. Elastischer Bund mit Gürtel sorgt für erhöhten Tragekomfort. ForMotion™. 91% Polyamid / 9% Elasthan.

(3) TERREX 1/2 Zip Tee M | € 64,95*
Überzeugt in Punkto Tragekomfort durch getapte Nähte. Dank des CLIMACOOL® Materials bietet der Baselayer ein hervorragendes Wärme- und Feuchtigkeitsmanagement. ForMotion™ Technologie für optimale Bewegungsfreiheit. Auch in dunkelgrau erhältlich.

(4) TERREX FAST X FM LOW M | €119,95*
Extrem leichter und schneller Schuh sorgt für Höchstleistungen am Berg. TRAXION™, das neue Sohlenkonzept, bietet schnellen Grip und Wendigkeit. Schaft: Leichtes und strapazierfähiges Synthetikleder. Schnürung: Speed Lacing System für optimalen Halt und hohen Tragekomfort. Midsole TPU-verstärkt in Gewölbe und Vorfuß für Schutz und Stabilität.

INTERSPORT

WEITERE INFOS ZUR ADIDAS OUTDOOR KOLLEKTION ERHÄLTST DU BEIM KOMPETENTEN INTERSPORT-HÄNDLER IN DEINER NÄHE.

Aus Liebe zum Sport

INTERSPORT
adidas
IMPOSSIBLE IS NOTHING
adidas
FORMOTION™
Passt sich deiner Herausforderung an
Das ForMotion™-Prinzip basiert auf zwei Kunststoff-Platten, die in der Ferse positioniert sind und nahezu reibungslos aufeinander gleiten. Die horizontalen Kräfte werden abgefedert, damit eine optimale Anpassung an den Untergrund gewährleistet ist. Der Komfort beim Bergablaufen und die Kontrolle werden verbessert. Das entlastet die Knie und die Umknickgefahr für das Fußgelenk wird minimiert.

1| Segen für Selbstversorger: Die Bocchetta di Campo ist eine von nur zwölf Schutzhütten im Nationalpark. Und bietet dank einer Photovoltaikanlage sogar elektrisches Licht. 2| Das wahre Romantiker selbstverständlich nicht nutzen. Sie verbringen den Hüttenabend lieber im Kerzenschein. 3| Der dreistündige Marsch ab Malesco zuvor war hart

MEINE VORFREUDE WUCHS, je schmaler die Straße wurde, je höher sie sich schraubte.

Ich war unterwegs in eine Landschaft, deren Gipfel, Grate, Flusstäler und Schluchten als größte Wildnis des Alpenraums gelten: Val Grande. Hier, so ist die Verheißung, holt sich die Natur zurück, was ihr die Menschen einst abgerungen haben.

Und schon Malesco enttäuschte mich nicht: ein italienisches Gebirgsdorf, das aussah, als habe das 20. Jahrhundert noch nicht stattgefunden. Dort startete ich. Die Gassen eng und steil, die Mauern der Häuser aus rohem Stein, darüber Schindeldächer. Hunderte, Tausende graue, braune und schwarze Steinplatten, einst mühevoll aufeinandergeschichtet.

Auch Malesco, so gedrückt und düster es wirkte, hatte an diesem Abend eine von der Sonne noch beschienene Piazza; ich setzte mich in das schönste Café am Platz. Ich versuchte, mich mit der hübschen Kellnerin zu unterhalten, obwohl mit meinen paar Brocken Italienisch keine Konversation zu machen war. Wo ich hinwolle, fragte sie mich. Und als ich antwortete, sagte sie: Wunderbar, es sei so schön dort oben. Am liebsten hätte ich sie gefragt, ob sie mitkommen wolle. Aber mir fehlte der Mut.

Am folgenden Tag ließ ich mich per Taxi ein paar Kilometer in ein Tal chauffieren, zu einer Alm, die ersten Höhenmeter wollte ich mir sparen. Der Fahrer, dick und schnaufend, wirkte nicht so, als habe er schon einmal einen Fuß in die Berge gesetzt. Dennoch warnte er mich mehrmals davor, wie leicht man in dieser Gegend vom Weg abkomme.

Immerhin: Es gibt im Nationalpark Val Grande keine Hütten mit Wirt, man übernachtet in Biwakschachteln, die außer Gas- oder Holzöfen nichts bieten. Ich hatte Tütensuppen dabei, Brot, Speck, Gummibären und für das Frühstück Studentenfutter. Vielleicht 15 Kilo Gepäck. Ich habe nie verstanden, wie es Spaß machen kann, mit überladenem Rucksack ins Gebirge zu gehen, lieber hungere ich ein bisschen.

Im Val Grande, 1992 zum Nationalpark erklärt, könne man tagelang wandern, ohne einen Menschen zu treffen, hatte ich gelesen. Das mag stimmen, aber nicht auf dem Weg, den ich zunächst wählte. Eine Gruppe Jugendlicher startete mit mir; sie preschten los, als wüssten sie nicht, wohin mit all ihren Kräften. Aber ich holte sie bald wieder ein. An jeder Kehre saß einer von ihnen mit rotem Kopf und schnappte nach Luft.

Dass der Weg schnell in die Höhe führte, gefiel mir. Für sanfte, aber ewig lange Touren bin ich zu faul oder zu ungeduldig. Dass der Weg das Ziel sei, habe ich nie verstanden. Wenn es irgendeinen Sinn hat, auf Berge zu steigen, dann doch den, von oben nach unten schauen zu können.

Nach drei Stunden bergauf erreichte ich einen Grat. Aus dem Tal wehte ein kühler Wind herauf. Er brachte feuchte Luft. Einen Nebel, der mich langsam, langsam umschloss, bis ich mich selbst nur noch als Schatten empfand.

Aus dem Dunst tauchte ein junger Schweizer auf. Er hielt mir seine Landkarte unter die Nase, zeigte auf einen Berggipfel und fragte mich, ob er auf dem richtigen Weg sei. Nein, sagte ich, er hätte an der letzten Weggabelung in die andere Richtung abbiegen müssen. Über den Gipfel auf die andere Seite des Nationalparks absteigen wollte der Junge. Ich weiß nicht, warum, aber ich riet ihm ab. Er machte den Eindruck, als wisse er nicht, was er tue. Und sein Plan war nicht ungefährlich. Das passe schon, sagte er. Er schob seine Sonnenbrille über die Augen, nickte mir zu und hastete davon.

NACHMITTAGS ERREICHTE ICH DIE SCHUTZHÜTTE auf der Bocchetta di Campo, einem Sattel zwischen zwei felsigen Erhebungen. Umgeben von rötlichbraunem Gestein, auf dem sich grüne und gelbe Flechten verzweigten. Auf der einen Seite erhob sich die 2111 Meter hohe Cima Pedum: ein wilder Berg, unzugänglich, weglos. Auf seinen Graten verkrüppelte Buchen. Auf der anderen Seite ging es steil hinunter ins Val Pogallo. Die Täler des Val Grande sind v-förmig ins Gebirge gegraben, nicht von Gletschern gerundet. An ihren Hängen dichter Wald. Überall war es tiefgrün. Es dauerte eine Zeit, bis ich feststellte, was mich an diesem Anblick irritierte. Es war das, was fehlte. Es gab keine gerodeten Almwiesen, keine Hütten, keine Forststraßen, keine Seilbahnen. Keine menschlichen Spuren. Das also war sie, die Wildnis.

Als ich Wasser geholt hatte, 100 Meter unterhalb der Schutzhütte, und gerade den Ofen anheizte, kam ein Pärchen über den Grat. Ich war enttäuscht, und den beiden ging es sicherlich genauso. Einsamkeit perdu. Sie war aus Bern, er aus Zürich, wir aßen zusammen zu Abend. Ich meine Fertigsuppe, die beiden ein Risotto mit frischen Zutaten. Dazu öffneten sie eine Flasche Rotwein, es hatte Stil.

Der Sonnenuntergang war ein Ereignis. Ich war ein paar Meter einen Felsen hinaufgekraxelt und kam mir vor wie Caspar David Friedrichs Wanderer über dem Nebelmeer. Im Osten begann eine Bergkette nach der anderen bläulich zu schimmern, bevor sie sich zu einem Schattenriss verdunkelte. Im Westen wurden die Spitzen der Walliser Viertausender von rotem Licht betupft. Über die eisige Ostwand des Monte Rosa floss ein helles Lila. Als habe jemand einen Rieseneimer surrealer Farbmischungen über dem Berghang ausgeschüttet. Und zwischen all den Gipfeln zogen Wolkenfedern umher, die das letzte Licht der Sonne orangerot spiegelten.

Dann fingen die ersten Sterne zu blinken an, immer mehr wurden es, ein vibrierender Pixelteppich, aus dem plötzlich einzelne Leuchtdioden fielen. So schnell, so viele, dass ich nicht mehr dazu kam, mir etwas zu wünschen. Mitte August. Die Tränen des Laurentius. Ein Schwarm von Sternschnuppen.

Die Alpen im Wandel

IMMER MEHR MENSCHEN wollen in den Alpen wohnen – aber nicht überall. Auf diesen Nenner lässt sich eine Entwicklung bringen, die seit rund 150 Jahren andauert: Talorte wachsen, entlegene Dörfer schrumpfen. Hier **Verstädterung**, dort **Entsiedelung**. Gegen Ende des 19. Jahrhunderts waren Täler und Berge noch gleichmäßig bewohnt. In den Höhen hielten die Menschen ihr Vieh, in mittleren Lagen kultivierten sie das Land, im Tal arbeiteten sie in Werkstätten und Manufakturen. Dies änderte sich mit der Industrialisierung.
Zwischen 1871 und 1951 stieg die Zahl der Alpenbewohner um ein Drittel, von 7,8 auf 10,8 Millionen Menschen. Aber von den **6000 Alpengemeinden** wuchs nur die eine Hälfte – aus den anderen Dörfern wanderten die Menschen ab. Am Alpenrand und in leicht erreichbaren Tälern entstanden Industriebetriebe. Grenoble und Trient, Bozen und Innsbruck, Salzburg und Klagenfurt blühten. In den Südalpen hingegen entvölkerten sich ganze Täler. Der Wirtschaftsboom nach dem Zweiten Weltkrieg verschärfte den Trend. Nun kamen auch immer mehr **Touristen** in die Alpen. Fremdenverkehrsorte wie Chamonix-Mont-Blanc, St. Moritz und Sölden wuchsen rapide, während im italienischen Teil des Alpenbogens immer mehr Bauern ihre Höfe und Weideflächen aufgaben und in die Städte zogen. Heute wohnen **14,3 Millionen Menschen** in den Alpen, doppelt so viele wie noch vor rund 150 Jahren. Ihre Jobs? Sind **zu 80 Prozent in den Städten**. „Ganze Landstriche werden zu Vorstädten werden, andere Gegenden veröden", sagt der Kulturgeograf und Alpenexperte Werner Bätzing von der Universität Erlangen. „Die Alpen, wie wir sie kennen, wird es bald nicht mehr geben."

Ich dachte an meinen Sohn. Laurin. Es war sein Namenstag.

Am nächsten Morgen zog Nebel auf, und ich war enttäuscht und erleichtert zugleich. Enttäuscht, weil ich meinen geplanten Abstieg nach Cicogna ohne Sicht nicht machen konnte. Erleichtert, weil mir der Abstieg und das, was ich über ihn gelesen und gehört hatte, Respekt einflößte. Manchmal weiß ich nicht, woher die Angst kommt, die mich im Gebirge anfällt. Ist es Angst vor einer realen Bedrohung? Oder Angst vor potenziellen Gefahren? Angst vor der Angst? Oft schon bin ich umgekehrt, und vielleicht wird sich die Menge an versäumten Erlebnissen irgendwann ins Unerträgliche summieren. Vielleicht ist es aber auch einfach gut so.

Ich ging über den Grat zurück und stieg durch ein unendlich langes Tal ab. Der Pfad war komplett von Gras und Farnen überwuchert. Feucht und glitschig. Zum Glück kroch keine der giftigen, dreiecksköpfigen Aspisvipern über den Pfad, die es zuhauf im Val Grande geben soll. Der Weg aus dem Tal hinaus führte durch lichten Buchenwald, an einem Bach entlang. Sehr schön, aber endlos. An diesem Tag begegnete mir kein einziger Mensch.

Als ich in Finero schließlich ankam, war ich ausgelaugt, ausgedörrt, hungrig. Ich hatte zu wenig getrunken, hatte Kopfschmerzen, aber nach einer Pizza und einem Bier ging es mir besser. Am Abend fuhr ich um das komplette Gebirge herum nach Cicogna. Auch wenn ich nicht dorthin abgestiegen war, wollte ich es unbedingt sehen.

CICOGNA IST EINE STEINERNE TRUTZBURG, wie für die Ewigkeit errichtet. In den 1920er Jahren hatten gut 700 Menschen hier gelebt, dazu 300 Kühe und Tausende Ziegen. Bis in die 1960er Jahre hatten die Bewohner kleine, ebene Terrassenfelder kultiviert, hatten Roggen angebaut, Wein gezogen, Walnüsse und Kastanien veredelt, auf den Alpweiden sömmerte ihr Vieh. So hatten sie in Hunderten von Jahren der Natur einen Lebensraum abgetrotzt. Civiltà della Fatica, Kultur der Mühsal: Der Naturlehrpfad, der aus dem Dorf auf den Berg hinaufführt, heißt noch heute so.

Ich quartierte mich bei einem jungen Pärchen ein, Federico Mazzoleni und Sara Bianchi. Früher hatten sie in Varese gelebt, waren um die Welt gereist, hatten gut bezahlte Jobs. Nach Cicogna waren sie gekommen, um ein selbstbestimmtes Leben führen zu können; mit Arbeitstagen, die nie kürzer als zwölf Stunden sind. Und elf Kilometer auf einer engen, gewundenen Gebirgsstraße, auf der sie den vierjährigen Simone jeden Tag in den Kindergarten im Tal bringen müssen. Und später in die Schule.

Nach dem Frühstück machte sich Federico, früher Chemiker, auf, um nach seinen Ziegen und

1| In einem Dorf vor unserer Zeit. Pogallo, heute verwaist, war Wohnort vor allem für Holzarbeiter. Um 1920 hatte es Kneipen, einen Arzt. Und einen Polizeiposten samt Ausnüchterungszelle. 2| Besucher haben einer Madonnenfigur Blumen mitgebracht. Klugerweise aus Plastik, denn in Pogallo gibt es niemanden mehr, der gießen könnte. 3| Dafür blühen Wanderer wie Massimo Tiburzi aus Mailand in der wilden Einsamkeit auf

1

2

3

1

2

3

1| Im Val Grande ist nichts ein Muss, weder berühmte Gipfel sind zu bewundern noch Kulturdenkmäler. Umso mehr Zeit bleibt, die Natur zu erkunden. Etwa die Badestelle im Val Pogallo. 2| Wer derart entschleunigt auf die Alpe Prà kommt, dem kocht Mario Fila Spaghetti, nach denen man sich die Finger leckt. 3| Und ein Frühstück bei der Bocchetta di Campo dauert so lange, wie sich der Morgendunst hält

Schweinen zu sehen. Er schlüpfte in Blaumann und Gummistiefel, nahm einen ausgeblichenen Regenschirm in die Hand und stieg eine schmale Gasse zwischen den verschachtelten Häusern von Cicogna hinauf. Er ging wie ein Hirte, der schon sein Leben lang den Tieren folgte.

Auch ich machte mich auf den Weg, den Berg hinauf zu einer Hütte, die von einem glatzköpfigen alten Mann in Schuss gehalten wurde. Er lud mich zu einer Portion Spaghetti ein. Von seiner Terrasse aus hatte ich einen Premium-Blick auf den Lago Maggiore, über dem sich der Morgendunst verflüchtigte. In diesem Moment wäre ich am liebsten den Berg hinuntergelaufen und in den See gesprungen. Baden. Schwimmen. Eis essen.

ABER ICH STIEG WEITER ZUR ALPE DEL BRACO. Der Weg wurde zum Pfad, von Gras überwuchert. Zwergsträucher und Büsche eroberten sich hier die früher mühsam bearbeiteten Wiesen zurück. Die typische Blütenpracht regelmäßig abgeweideter Bergwiesen war einem monotonen Grün gewichen. Und die Alpe del Braco gab es nicht mehr. Ihre dicken, aus grauen Steinen gemauerten Wände waren eingestürzt, die Holzbalken der Dächer hingen morsch herab.

„Ultimo Paradiso" – in diesem Buch über das Val Grande hatte ich steinerne Ruinen neben einem Bachlauf gesehen. Dichtes Grün, das wie eine Armee von allen Seiten gegen eine von den Menschen aufgegebene Behausung vorzurücken schien. „Das letzte Paradies": Ist es doch eine Kulturlandschaft, die zur Vergangenheit wird, aber mit aufgeräumten Wäldern, Alpwiesen und felsigem Ödland unserem Alpenbild entspricht? Oder die Wildnis, die mit dunkel wogenden Wäldern den Naturzustand der Alpen zurückholen wird?

Ich stieg ab nach Pogallo. In den 1920er Jahren war im Tal oberhalb von Cicogna eine kleine Ansiedlung der Holzwirtschaft entstanden. Eine Seilbahn hatte von hier aus hinab an den Lago Maggiore geführt. Nun drangen Gräser und Farne durch das Mauerwerk des Direktionsgebäudes. Das Dach fehlte, aus dem Inneren des Baus wuchsen Buchen.

„Was geschieht nur mit unserer Heimat?" Das hatte Arturo gefragt, den ich in Cicogna getroffen hatte. 86 Jahre alt, hatte er zeitlebens in den Bergen gearbeitet, als Hirte, als Holzarbeiter, als Bauer. Jetzt kümmerte er sich nur noch um seine Ziegen. Manchmal, erzählte er, sitze er stundenlang vor seinem Almhüttchen, schaue mit dem Fernglas in die Berge und wundere sich, was aus seiner Heimat geworden ist. Dass Menschen die Wildnis schön finden könnten, konnte er nicht verstehen.

Am Abend trank ich noch ein Bier in der Dorfkneipe. Als ich gerade gehen wollte, kam der junge Schweizer herein. Humpelnd, das Gesicht und die Arme aufgeschürft, Hose und T-Shirt zerrissen. Er habe den Weg verloren und sei abgestürzt, erzählte er. Mit Mühe und Not habe er aus dem Tal herausgefunden. Mit Val Grande sei er fertig. Er wolle nur noch heim.

INFO

▶ VAL GRANDE

Der Weg in die Einsamkeit

IN UNMITTELBARER NÄHE des Lago Maggiore, auf einer Fläche von 146 Quadratkilometern, erstreckt sich der Nationalpark Val Grande – zwischen den Tälern Intrasca, Cannobina, Vigezzo und d'Ossola: *www.parks.it/parco.nazionale.valgrande*. Den besten kurzen Einblick vermittelt La Civiltà della Fatica, der Naturlehrpfad „Kultur der Mühsal". Er beginnt in Cicogna (732 m), der einzigen ständig bewohnten Siedlung im Park, und führt in zwei Stunden zur Alpe Prà und der an Sommerwochenenden bewirtschafteten Casa del Alpino (1250 m). Von dort geht es über die Alpe Leciurt (1400 m) in drei Stunden über Pogallo (777 m) zurück nach Cicogna. Übernachten im kleinen, aber gemütlichen Bed & Breakfast von Federico Mazzoleni und Sara Bianchi: **Bed & Breakfast Ca'del Pitur**, *Via Pozzolo 1, Tel. 0039-323 58 17 12, www.cadelpitur.it, DZ/F ab 50 €.*
Die Wanderwege im Nationalpark Val Grande lassen sich gut zu mehrtägigen Wanderungen verbinden. Routenvorschläge in **Bernhard Herold Thelesklaf: Nationalpark Val Grande – Unterwegs in der Wildnis zwischen Domodossola und Lago Maggiore**. *Zürich, Rotpunkt Verlag, 2008, 26 €*. Übernachten kann man dabei in zwölf Bivacchi (unbewirtschafteten Schutzhäusern), die ganzjährig offen stehen und kostenlos sind. Sie verfügen über eine rudimentäre Einrichtung und eine Kochgelegenheit. Schlafsack und Isomatte einpacken, auch Proviant, Stirnlampe und Feuerzeug nicht vergessen! Die beste Karte für das Gebiet: **Swisstopo, Blatt 285 T, Domodossola Parco Nazionale Val Grande, 1 : 50 000.**

Fotograf **Marc Beckmann**, 32, hatte sich jede Stärkung verdient – allein seine Fotoausrüstung wog 15 Kilo. Autor und Bergkenner **Tom Dauer**, 40, trug dagegen wenig mehr als Stift und Notizbuch. Zur Kompensation übernahm er das „Kochen": Er machte Fertiggerichte warm.

Der

Wild, schnell, rebellisch – mit seinem »Bauern-Tschäss« ist Herbert Pixner Vorreiter einer neuen Generation von Alpenmusikern. Seine Lieder sind der Renner in Discos, seine Videos auf YouTube, die Konzerte: mehr als ausverkauft. Doch aus dem Rhythmus bringen kann den Südtiroler das nicht

FOTOS ¬ **ULRIKE MYRZIK, MANFRED JARISCH** TEXT ¬ **LORENZ WAGNER**

Herbert Pixner, Idol, Bauchmusiker, Senner. Seine Lieder nennt er »Leckmicha Marsch« und »Blus'n auf«

will nur spielen

Namen für sie gibt es viele: Ziach, Steirische, Quetschn, Harmonie, Harmonika. Und doch klingt sie, hier Pixners Exemplar, ganz einmalig

GRÜSS GOTT? Hans grüßt nicht zurück. Der Feind ist da. Eine der Kapellen, die seinen Arbeitsplatz seit Tagen in eine Hölle verwandeln. Volksmusiktage in München, im Fraunhofer Theater! Und Hans muss das Licht machen. „Was hab ich nur verbrochen?" Er bläst Luft durch die Nase und mustert die Musiker. Zwei Burschen, ein Madl: Harmonika, Bass, Harfe. „Wenigstens kein 17-Weiber-Quetschkommando", brummt Hans. Er hat sich einen Ohrschutz besorgt, vom Bau, macht einen Presslufthammer nach. Das Trio beginnt den Soundcheck. Beim ersten Ton drückt Hans die Hände auf die Ohren und rennt weg. „Und wenns a Landler spielt", ruft er zurück, „mach ich das Licht aus."

Das Theater füllt sich. Los geht's. Hans beschaut sich das Ganze aus dem Technik-Kabuff. Hm! Irgendwie seltsam heute. So voll. Und so viele junge Leute, mit Lederjacken und schwarzen Hornbrillen, und vorn links hockt doch die Sägebrecht, vorgebeugt und festgewurzelt, die Schauspielerin, wie alle im Saal, und nach jedem Lied klatscht das Publikum, wie es nie geklatscht hat in diesen Tanzlmusik-Tagen. Da legt Hans doch den Ohrschutz zur Seite. Und nach dem Konzert, als alle gegangen sind, tritt er an die drei Volksmusikanten heran. „Wollt ihr nächstes Jahr nicht 14 Tage am Stück spielen?", fragt er. „Und die anderen schmeißen wir raus."

Das Herbert Pixner Projekt. Spielten sie wirklich zwei Wochen lang in dem kleinen Theater, es wäre wohl immer ausverkauft, so wie jedes ihrer Konzerte ausverkauft ist, im Zillertal, in Gaißach, in Meran; in Gasthäusern, Theatern und der Philharmonie. Mal kommen 60 Fans, mal 300, mal 2000, eben so viele wie in den Saal passen, ganz Bayern und Tirol scheinen das Trio sehen zu wollen, diesen Herbert Pixner, 34 Jahre alt, Bauernsohn aus dem Passeiertal.

Was Paganini an der Geige war und Hendrix an der Gitarre, das ist er an der Ziach, der Steirischen Harmonika, einem Instrument, geschaffen, Schunkelmusik zu spielen. Doch Pixner spielt Blues und Jazz und Niedagewesenes: Landler, die nach Jugend und Rebellion klingen. Pixner hat die Volksmusik verändert, sie wiederbelebt, seine Lieder laufen in Discos in Innsbruck; seine Videos sind ein Renner auf YouTube; und immer mehr junge Bands spielen auf ihren Konzerten seine Stücke nach. Sie entdecken so die Volksmusik wieder und machen daraus ihr eigenes Ding, schneller, frischer, gemischt mit Rock, Punk, Blues oder was auch immer, wie der Pixner eben. Er ist ihr Idol.

Das war nicht immer so. „Du und dein Bauern-Tschäss", so haben die Kommilitonen Pixner gepiesackt, als der noch am Konservatorium in Klagenfurt studierte. „Da habe ich mir gesagt: Jetzt erst recht", sagt Pixner. Heute, wo seine CD nach Fernsehauftritten schon mal in die Top 50 bei Amazon aufsteigt, da ist er es, der spottet: „Bauern-Tschäss" heißt sein neues Werk. Und mit ihm ist er nun zum ersten Mal auf Tournee: der „Bauern-Tschäss-Tour" durch die Alpen.

Südtirol, Steiermark, seit Tagen sind die Pixners unterwegs, in zwei Autos, im ersten Pixner mit seiner Freundin und Managerin Lisi, im zweiten Katrin und Werner, zwei Tiroler Musiklehrer, Harfe und Kontrabass. Heute geht es nach Brandberg, ein Dorf am Ende des Zillertals. Pixner trägt Lederjacke und ein Shirt mit der Aufschrift „beratungsresistent", er ist dürr, sein Gesicht fahl. Er raucht und schweigt und fährt verdammt schnell. Manchmal, wenn es zu still oder schnell wird, klopft Lisi ihm aufs Bein. Dann lacht er sie an und dreht das Radio lauter. AC/DC. Die hat Pixner schon als Junge geliebt, als er seine Vespa auf 120 Sachen hochjazzte, in Südtirol, in Walten, einem Bergdorf, dessen Schattenseite im Winter kein Sonnenstrahl erreicht: „Meine Heimat." Hier hat Pixner eine Alm gepachtet, seinen Sommersitz. Ohne Strom. Wer was von Pixner will, muss heraufkommen, das letzte Stück zu Fuß, anderthalb Stunden. Zuletzt kam ein Sparkassenchef mit Aktentasche und Auftrittsvertrag. „So weiß ich immer: Man will nicht irgendeine Musik, man will mich."

Im Winter, wenn er im Tal lebt, ist Pixner dann doch besser zu erreichen. Nicht übers Telefon. Das hebt er nicht ab. Sein Tor zur Welt ist das Internet, sind YouTube, Facebook und Myspace. „Ich kann so ganz neue Schichten von Leuten ansprechen." Im Netz hat er seine Tournee angekündigt. Und sofort war sie ausverkauft. Mehr als ausverkauft. In Brandberg sind so viele Bänke und Stühle in den Saal gepfercht, dass der Hausbesitzer, die Gemeinde, sich selbst anzeigen müsste.

Es ist Pixners einziges Konzert in Nordtirol, von überall her sind die Menschen gekommen. Eine Sitzreihe aus dem Lechtal, drei Stunden Autofahrt durch Eis und Schnee, der kleine Jonas hat darauf bestanden, acht Jahre ist er, hinter ihm sitzt sein Ziach-Lehrer. Der hat Pixners Musik auf YouTube entdeckt. Nun bringt er sie seinen Schülern bei. Etwas, das man an Österreichs Hochschulen gar nicht gern sieht. Dort fürchtet man die Verlotterung der Volksmusik. Den Jungen ist's egal. In Brandberg sind dieselben Teenies wie auf einem Christina-Stürmer-Konzert: Mädels mit Chucks, Karohemden und Nietentaschen. „Der Herbert ist gewaltig", sagt Katharina, 16 Jahre ist sie alt, hat eine eigene Band, Jung und Frisch; auf ihrer CD spielt sie Pixner-Stücke nach. „Sie sind so anders." Allein das Stück „Ladezky": „Das nächste Lied ist für die Schauspielerin Susan La Dez", kündigt Pixner es in

Brandberg an. „Sie kam eines Tages zu mir und sagte: Herbert, ich will ein Kind von dir.“

Pause.

Gelächter.

„Also hab ich ihr ein Stückl geschrieben.“

Und los geht's, zehn Finger, links, rechts, auf, nieder, wie Spinnen im Gewitter, sie trippeln und springen, tanzen ihren eigenen Tanz, nur einmal werden sie schwermütig, spielen ein düsteres Motiv, ein Riff der Punk-'n'-Roll-Band The White Stripes. In diesem Riff liegt der wahre Keim des Lieds, die Sache mit Susan war gelogen, es war ganz anders: Katrin, Werner und Herbert saßen im Studio, nahmen die neue CD auf. Geprobt hatten sie vorher nicht. Pixner probt nie, er improvisiert. Auf einmal stellten die drei fest, dass sie nicht genug Stücke hatten. „Geht Kaffee trinken“, sagte Pixner. Er setzte sich eine halbe Stunde hin, nahm das Riff und machte daraus sein Volkslied.

Was wird das für ein seltsamer Volksmusikabend in Brandberg. Pixner spielt den Marsch der Steirer, spielt einen Blues, einen Walzer, einen Bossa Nova, erzählt dabei Geschichten, von der Alm, vom Autofahren, von Wettrennen mit der Polizei, er scherzt mit Werner, ärgert Katrin mit Blondinenwitzen und wirft ihr mit der Trompete einen Versöhnungskuss zu. Seit gut 15 Jahren macht Pixner seine wilde Musik, aber erst im Trio mit Katrin und Werner ist er aus der Nische getreten.

Katrin ist 24 Jahre alt und fröhlich wie ein Sommertag. Ihr Spiel ist keck und kindlich, voller Glissandi und rhythmischen Frechheiten, ein Graus für Traditionalisten, ein Glück für Pixners Musik, und obgleich Katrin nach diesem Abend die Fingerkuppen bluten, ist ihr Gesicht Lachen und Augenfreude, nur ab und an, wenn es allzu schnell geht, blickt sie erschrocken zu Werner, ihrem Freund, und der streicht über seinen Kinnbart und lächelt ihr zu und schlägt weiter den Bass, mit weitem Schwung, warm, verlässlich, ein Herzschlag, den nichts aus der Ruhe bringt, da mag Pixner in der Mitte noch so oft Takt und Tonart wechseln.

Und so wirken die drei zusammen, und der Abend geht dahin, und am Ende sind die Pixners nur mehr Kopfschwung und Fingerschlag, ein dreifaches Headbanging. 15 Grad zeigte das Thermometer neben dem Eingang, als das Konzert losging, nach der dritten Zugabe sind es 34. Und an der Theke gibt es kein Bier mehr.

ABSCHIEDSKÜSSE, AUTOGRAMME AUF DIE CD, ein Foto mit Jonas, „Bist a schneidiger Lausbub“, sagt Pixner. 1000 Fan-Fragen. Nächstes Konzert? „Posten wir auf Facebook.“ Seine Musik im Internet-Radio? „Am Mittwoch, per Livestream. A RealPlayer brauscht halt scho. Waascht.“ Ein paar Helle im Gasthof Thanner, und dann wird gepokert, bis vier Uhr in der Früh. Ein letzter Blick in den Rechner: 1000 Freunde bei Facebook. Die Nummer 999 hat ein Album gekriegt. „Bei welcher onzohl“, fragt ein Fan, „gib's die negschte CD, i meld mi nou amoll on.“

Am nächsten Morgen geht's weiter Richtung Bayern, nach Gaißach, zum Zachschuster. „An diesem Wirtshaustisch“, steht im Schankraum zu lesen, „hat der legendäre Kraudn Sepp Zither gespielt und mit seiner knarzenden Bauernstimme Wildschützlieder gesungen.“ Der Wirt, der Kübl Franz, hat den Kraudn Sepp gekannt. Nun auch noch der Pixner Herbert in seinem Haus. „Das ist der diatonische Wahnsinn“, sagt er. Seine Frau kommt dazu. „Diese Bettelanrufe!“, ruft sie aus. „Habt ihr nicht doch noch Karten? Ich musste fast pampig werden.“ Alle Gäste mussten die Karten zwei Wochen vorm Konzert abholen, viele kamen aus München, zwei Stunden Fahrt, selbst für den Chef des Hofbräuhauses.

Zu Haus ist er bei Myspace und in Südtirol

Und auch am Tag des Auftritts ist der schon Stunden vorher da. Sich einen guten Platz sichern. „Pixner könnte auch große Häuser füllen“, sagt er mit Blick auf das kleine Zachschuster. Aber Herbert mag lieber die engen Säle, wenn er riecht, wer in der ersten Reihe Leberkäs gegessen hat, wenn er den Zuhörern in die Augen schauen kann, eben Säle wie diesen: 18. Jahrhundert, Waschputz, Holzbalken, karierte Gardinen, an der Wand ein Kruzifix und Bilder vom Kübl Franz als Jäger, umgeben von nackten Bäuerinnen. Das Publikum an diesem Tag? Ein Münchner Metzger, ein Gemeinderat aus Rottach-Egern, Dorfschullehrer und Apotheker, 80 Leute, Janker, Hornknöpfe, und mittendrin ein junger Kerl, schwarze Jeans, schwarzer Kapuzenpulli, schwarzer Hut und, natürlich, Schwarzbier. „Das ist der Boandlkramer“, witzelt einer der Alten. Will heißen: der Sensenmann.

Doch der Junge ist Musiker, Bassist der Band Zwirbeldirn, einer der vielen Gruppen, die sich im Schweif von Pixner bewegen, die aus Altem Neues machen und die Städte erobern, Bands wie da Blechhauf'n, Kofelgschroa und LaBrassBanda oder eben Musiker ohne feste Band, Leute wie Franziska Eimer, die auch im Publikum ist, eine 29-jährige Münchnerin, Filmemacherin, Harfenistin, mit den Sportfreunden Stiller hat sie gespielt, sie verabredet sich per E-Mail mit anderen zu Musikabenden, es kommen Rocker, Bläser von den Münchner Philharmonikern, und sie spielen Volksmusik, eine Musik, die für viele ihren Schrecken verloren hat. So wie die jungen Deutschen bei der letzten Fußball-Weltmeisterschaft die deutsche Fahne entdeckten, so entdeckten die jungen Bayern ihre Volksmusik wieder, eine Musik, die sich schnell und laut spielen lässt, sagt Franziska, und leicht verändern.

Die vielen Urbayern und Bildungsbürger im Zachschuster wissen nichts davon, dass sie einer Jugendbewegung zuschauen. Sie wissen auch nichts von der Frechheit des Titels „French Kiss“, bei dem der Kontrabass einen gewissen Zungenschlag imitiert. Was soll's! Sie finden anderes in Pixner, seine Walzer oder die Jazz-Spielereien, ein Stück von Django →

Mit Marianne und Michael hat es wenig zu tun,
wenn Katrin, Herbert und Werner loslegen: Nach einer
dritten Zugabe der Pixners zeigt das Thermometer
schon mal 19 Grad mehr als am Beginn des Abends

Reinhardt ist dabei. „Yihaa“, tönt es im Publikum. Nur ein Traditionalist mit gamsbärtigem Hut ist anderer Meinung. Nach dem Auftritt will seine Frau doch tatsächlich eine CD kaufen. „Ja, bist du verrückt? Des will i nie mehr hörn.“

Bis in die Nacht hocken Band und Fans zusammen. Martin, ein Heavy-Metal-Musiker, spielt ein Pixner-Stück vor, Werner setzt den Brotkorb auf den Kopf, der Sensenmann verliert sein Handy, der Hofbräuhaus-Chef erzählt, dass er in fünf Stunden zum Zahnarzt muss, die Wirtin kocht Wiener und weckt Brigante, eine Mischung aus Dackel und Beagle. Sie will vorführen, dass der keine Würstchen mag. Eine Behauptung, die Brigante knackend widerlegt. Um fünf geht's in die Betten, die das Wirtspaar für ihre Ehrengäste geräumt hat.

FRÜHSTÜCK. Hühnersuppe, Zigaretten, Facebook. Weiter nach München. Zum Theater im Fraunhofer. Dorthin, wo Hans, der Beleuchter, sie so genervt empfängt. Das Konzert wird das beste der Tournee. Einmal, mitten im Lied, legt Herbert die Ziach weg, greift die Trompete, schiebt einen Dämpfer rein, schließt die Augen, sitzt eine ganze Weile still da, vorgebeugt, die Trompete zugleich an den Lippen und zwischen den Füßen, dann die ersten Noten, flüsterleise, kleine zerbrechliche Tontropfen, zerquält, zerrissen, sie verklingen, und doch hat jeder das Gefühl, sie wären noch da, irgendwo da unten, zu den Füßen.

Es ist einer der Momente, die Pixner liebt. „Wenn du die Leute mit einer einzigen Note kriegst.“ Es sind die Lieder, nach denen keiner zu klatschen wagt, vier, fünf Sekunden lang. Man ist „beinahe atemlos“, schreibt die „Süddeutsche Zeitung“ am Folgetag. Es sei denn, man heißt Marianne Sägebrecht. Die Schauspielerin ist nicht mehr ruhig zu kriegen. „Sensationell! Da könnt ich verrückt werden. Ich hab mitgewippt, meine Nachbarn hatten Angst, dass alles zusammenkracht.“ Sie holt sich ein Autogramm, fragt Pixner, ob man nicht was gemeinsam machen will.

Zurück ins Hotel Mariandl. Hoffentlich, sagt Werner, erkennt uns der Chef nicht. Im Vorjahr feierten sie die Nacht durch, sangen, während Gäste an die Tür hämmerten. „Ah, ihr!“, begrüßt sie der Chef. Er sagt es überraschend freundlich. Und räumt die Hocker vom Tresen und schenkt aus bis um fünfe. Nicht einmal Geld will er haben. Er nimmt es, als Werner droht, er werfe sonst den Flachbildschirm aus dem Fenster.

Frühstück: Leberkäs am Rasthof. Weiter nach Südtirol. Brenner, Jaufenpass, Pixners Heimat, karg, steil, Serpentinen, „meine Rennstrecke“. Stopp in der Stammkneipe in Walten, Bauern am Tresen. Sie grüßen Pixner. Sicher, seine Musik, manchmal ist sie ein wenig laut und schräg, aber bei allen Spielereien, sie klingt nach Südtirol, klingt nach Heimat und Bauernleben. Pixner ist einer von ihnen.

Ganz in der Nähe liegt die Joggelealm, auf 2000 Metern, ab dem Frühling wird Pixner dort sein, Rinder hüten. Jeden Morgen kommen die Jungtiere und reiben ihr Fell an der Hütte, und in den Schränken klirren die Gläser. Dreimal am Tag geht Pixner zu den Tieren, eine Stunde über die Hänge. Hat sich keines verlaufen? Steht eines vor einer Klippe, wird's gefährlich. Kühe können schlecht kehrtmachen.

Bis ein Aushang klebt, wie hier in Brandberg, ist das Konzert meist längst ausverkauft

Hier oben führen Lisi und Herbert ein Leben: kein Kühlschrank, kein Strom, Plumpsklo, das Wasser acht Grad kalt. Zum Dorf sind es eineinhalb Stunden Fußweg. Im vergangenen Sommer, erzählt Lisi, habe sie ganze vier Euro ausgegeben: für zwei Kaffee drunten im Café. Die beiden essen zusammen mit Gästen auf ihrer Hütte, Eier, Schwammerl, Knödel. „Hier brauchst du nix. Gar nix“, sagt Pixner. Er zeigt Fotos auf seinem Rechner: ein Wolkenmeer unter der Hütte, das Herz-Jesu-Feuer der Bauern, Lisi mit einer bekränzten Kuh beim Almabtrieb, er selbst beim Bier in der Stube, braun, strahlend, in Lederhosen: ein anderer Mensch.

Ja, er liebt seine Musik. Aber sie zermürbt. Unterwegssein, das ständige Reden, seine Show bei Radio Bozen, einmal die Woche, mit 40 000 Stammhörern, es strengt sehr an. Und so macht er auf seiner Alm nur eine Musiksache: ein Festival. 700 Fans haben das vergangene Mal auf den Wiesen gelegen und zugehört. Wäre keiner gekommen, auch egal. „Ich spiele nur für mich. Ich muss damit kein Geld verdienen. Es geht auch so. Es ist immer so gegangen. So muss ich mich bei niemandem einschleimen, aufdrängen.“

DER VORLETZTE AUFTRITT, in Meran. Ab in die Garderobe. So wie Katrin, Werner und Pixner auf der Bühne eine Einheit sind, so sind sie es in ihren schwachen Minuten. Nur mehr ein zerschundener Haufen sind sie nach dieser Tournee. Pixner liegt auf einem Sofa, das Gesicht weiß wie die Aspirin in seiner Hand, Katrin hockt rechts auf der Lehne, vorgebeugt, der Blick leer, sie trinkt Red Bull, Werner hängt über einem Sessel, die Augen geschlossen, der Hosenlatz kaputt, er hat ihn mit einer Sicherheitsnadel geflickt.

Die Tür geht auf. Die Theaterchefin. „Los geht's“, sagt sie. „Viel Spaß!“

Raus. „Heute fehlt uns ein wenig Energie“, begrüßt Pixner die Zuhörer. Doch dann laufen seine Finger wieder los. ■

Autor **Lorenz Wagner**, 39, hat nach der Tour mit Pixner einen Tag durchgeschlafen – mangels eigener Alm in seiner Hamburger Wohnung. Als Reporter der G+J Wirtschaftsmedien kennt er sich besonders gut mit Noten aus: Banknoten. Musik und Videos von Herbert Pixner im Internet: www.myspace.com/herbertpixnerprojekt. Dort sind auch da Blechhauf'n, Kofelgschroa und LaBrassBanda zu hören: www.blechhaufn.at, www.kofelgschroa.de und www.labrassbanda.com.

AUF DIE BERGE, FERTIG …

… los! Murmeltier, Steinbock und Co. treten zum alpinen Mehrkampf an. Die Disziplinen: Wer kommt besonders gut mit Wind, Kälte, großer Höhe aus? Ein schwerer Gegner: Bedingungen, die für alle gleich widrig sind

TEXT ¬ VERONIKA STRAASS

Das Murmeltier pfeift auf fast alles, nur nicht auf Grashalme. Denn nur wer gut im Futter ist, schläft tief und lang

Ihnen blühen Frost, starke Strahlung, karger Boden – und dennoch blühen auch sie: 1. Stängelloser Enzian, 2. Edelweiß, 3. Alpen-Mannsschild, 4. Alpen-Leinkraut

HART IM NEHMEN

Sie machen aus wenig ziemlich viel

LANGSCHLÄFER

Murmeltier, Marmota marmota

MURMELTIERE überstehen die Bergwinter mit einer verblüffend einfachen Strategie: Sie blenden die kalten Monate einfach aus. Den kurzen Sommer über arbeiten sie gewissenhaft an ihrer Form: In jeder freien Minute mümmeln sie Bergkräuter, bis sie sich in hoppelnde Fettklöpse verwandelt haben. Von Oktober bis März ziehen sie sich in die frostsichere Tiefe ihres Winterbaus zurück, verfallen in Tiefschlaf und zehren von ihren Speckreserven. Allerdings könnten selbst die vollgefuttertsten Murmeltiere nicht überleben, wenn sie nicht zwei Grundregeln befolgen würden. Erstens: Keiner geht allein zu Bett. Murmeltiere verschlafen den Winter in Kommunen; Eltern und mehrere Generationen von Kindern heizen sich gegenseitig ein. Die zweite Regel: Gehe sparsamst mit deinen Reserven um. Ein komplexes hormonelles Wechselspiel sorgt dafür, dass alle Lebensvorgänge auf Sparflamme abgedimmt werden. Winterschlafende Murmeltiere kühlen auf bis zu vier Grad ab, atmen bis zum Frühjahr nur noch rund zweimal pro Minute, derweil ihr Herz etwa 20-mal schlägt.

KÄLTETROTZER

Stängelloser Enzian, Gentiana acaulis

IM HOCHGEBIRGE sind selbst die Sommer oft frostig. Dem Stängellosen Enzian schadet das nicht: Mit seinen dunklen Blütenkelchen absorbiert er noch das kleinste bisschen Sonne, denn dunkle Farben absorbieren bekanntlich mehr Wärme als helle. Wissenschaftler haben gemessen, dass Blüten und Blätter von Hochgebirgspflanzen bis zu 22 Grad wärmer sein können als die Luft. Die geheizten Blüten sind nicht nur für die Pflanze, sondern auch für ihre Besucher von Vorteil: Kälteklamme Insekten auf Nektarsuche wissen eine temperierte Imbissbude sehr zu schätzen. Übrigens können der Stängellose Enzian und andere Hochgebirgsblumen noch unter null Grad Celsius photosynthetisieren, also Sonnenenergie umwandeln, weil ihr Stoffwechsel durch eine Art Frostschutzmittel geschützt wird. Und das auch dann, wenn die Verwandtschaft drunten im Tal längst auf Stand-by-Betrieb umgestellt hat.

PELZTRÄGER

Edelweiß, Leontopodium nivale

DASS ES DIE BERGSONNE IN SICH HAT, weiß jeder, der nach einer Gipfeltour schon einen Sonnenbrand verarztet hat: Die UV-Strahlung ist im Hochgebirge an einem wolkenlosen Sommertag um rund 50 Prozent stärker als auf Meereshöhe. Auch Bergblumen müssen sich dagegen schützen: Manche lassen die Strahlung an Wachsschichten abprallen, andere rüsten sich mit einer ledrigen Oberhaut, und wieder andere tragen einen Pelz. So wie das Edelweiß: Seine Blätter sind behaart, seine Blüten pelzig. Das Raffinierte daran: Der Pflanzenpelz schirmt nur die schädliche UV-Strahlung ab, während die übrigen Wellenlängen des Sonnenlichts ungehindert eindringen und die Pflanze versorgen können. Übrigens bremst UV-Strahlung das Längenwachstum von Pflanzenzellen. Auch aus diesem Grund haben Bergblumen gedrungene Blätter, kurze Stängel und einen kompakten Wuchs – also genau die Gestalt, die ihr Überleben jenseits der Baumgrenze sichert.

SELBSTVERSORGER

Alpen-Mannsschild, Androsace alpina

WER JENSEITS DER BAUMGRENZE durchhalten will, wo eisiger Bergwind um die Felsen pfeift, tut gut daran, sich zu ducken – wie der Alpen-Mannsschild, ein Polsterpflänzchen, das noch in 4200 Meter Höhe zu finden ist. Erst ab Juni öffnet es seine rosafarbenen und weißen Blüten, die an Primeln erinnern. Der Überlebenskünstler verwertet alles, was sich bietet: die Strahlungswärme der Felsen etwa, an die er sich schmiegt. Oder die eigenen abgestorbenen Blättchen, die ins windstille Innere des Pflanzenkissens fallen und dort zu Humus zersetzt werden, etwas sehr Kostbares in eisigen Höhen. Ja, sogar ihr eigenes Betriebsklima können Polsterpflanzen erzeugen: Ihr geschütztes Inneres bleibt immer ein wenig feucht, selbst dort, wo der Wind den Boden rundum restlos ausgedörrt hat. Im windstillen Kern des Pflanzenpolsters, wo sich die Luft erwärmen kann wie in einem Pullover, kann die Temperatur auf kuschelige 27 Grad ansteigen – während darüber fünf Grad kalte Böen hinwegzischen.

TIEFGRÄBER

Alpen-Leinkraut, Linaria alpina

DAS ALPEN-LEINKRAUT kann leicht den Boden unter den Wurzeln verlieren: Es wächst auf kahlen, instabilen Geröllhalden im Hochgebirge, die immer wieder ins Rutschen geraten können. Einen Vorteil hat dieser karge Lebensraum: Konkurrenz ist rar. Nahrhafter Boden allerdings auch, genauso wie Wasser. Meterweise muss das Alpen-Leinkraut mit seinen Wurzeln nach Sickerwasser fahnden – Wurzeln, die mit der Saugkraft eines ausgetrockneten Schwamms noch feinste Wasserfilme aus den Gesteinsritzen schlürfen. Nur weil das Alpen-Leinkraut die Schuttschichten mit bis zu 60 Lebensadern durchwächst, wird es satt. Nebeneffekt: Selbst wenn →

1

2

3

4

Der Steinbock steht ganz weit oben, besonders in puncto Trittsicherheit. Und das trotz seiner bis zu 15 Kilogramm schweren Hörner. Sie verraten das Alter: Etwa zwei Wülste wachsen pro Jahr

1

2

3

Überflieger sind sie alle, obwohl nur die beiden Grazien mit den roten Augenringen tatsächlich Flügel haben: 1. Bartgeier, 2. Gams, 3. Höllenotter

der Schutt in Bewegung gerät, werden kaum jemals alle Stängel verschüttet. Im Gebirge sind ausladende Wurzelsysteme weit verbreitet: Oberirdisch hemmt die ultraviolette Strahlung das Wachstum der Stängel und Blätter, doch unter der Erde, wohin das UV-Licht nicht reicht, wachsen die Hochgebirgler ungebremst. Bis zu 85 Prozent der Pflanzenmasse von Alpenblumen verbergen sich unter der Erde.

BERGKLETTERER

Alpensteinbock, Capra ibex

TRITTSICHERHEIT IM FELS – in dieser Disziplin ist der Steinbock unschlagbar. Der hintere Teil und die Innenfläche seiner kompakten Hufe fühlen sich an wie Radiergummi, die Außenränder sind hart und schmal und können sich noch in kleinste Unebenheiten einkeilen. Profi-Besohlung, dazu außergewöhnlich kräftige Muskeln sowie hochelastische Bänder und Sehnen: All das macht die klobig wirkenden Tiere zu meisterhaften Kletterern. Selbst nahezu senkrechte Felskamine kraxeln Steinböcke hinauf. Sie nutzen dabei kleinste Vorsprünge, auf denen sie zwar nicht stehen, von denen sie aber abschnellen können. Wer je gesehen hat, wie ein Steinbock mit provozierender Gelassenheit durch einen scheinbar unpassierbaren Felskamin verschwindet, ist verblüfft.

AUFWINDFLIEGER

Bartgeier, Gypaetus barbatus

KEIN TIER SEGELT ELEGANTER durchs Gebirge als der Bartgeier. Der Vogelriese mit seinen 2,80 Meter Flügelspannweite wiegt lediglich fünf bis sechs Kilogramm und kann so noch den schwächsten Aufwind für ausgedehnte Touren nutzen. Zum Vergleich: Ein Steinadler wird genauso schwer wie ein Bartgeier, hat aber um 50 Zentimeter kürzere Flügel. Bartgeier beherrschen auch die Langstrecke, mühelos legen sie 1000 Kilometer in zwei Tagen zurück. Leidet ein Bartgeier Hunger, wird er mitunter zum Sturzflugjäger: Er rast in Scheinattacken auf Gamsen zu, die verführerisch nahe am Abgrund stehen, um sie zum Absturz zu bringen – und sich selbst ein Festmahl zu bereiten.

GUT IM ANSTIEG

Auch in kurzen Sommern bringen sie es weit

HANGSPRINTER

Gams, Rupicapra rupicapra

WER GAMSEN BEOBACHTET, wie sie steile Felshänge hinaufsprinten, fragt sich vor allem eines: Warum geht ihnen nicht die Puste aus? Darum: Das Gamsherz ist eine Hochleistungspumpe, die selbst in sauerstoffarmen Gipfellagen noch Spitzenleistungen vollbringt. Die Wände der Herzkammern sind nicht nur auffallend dick und muskulös, das Herz ist auch um ein Viertel größer als das eines Menschen, obwohl eine Gams nur halb so viel wiegt. 200 Schläge pro Minute schafft ein Gamsherz mit Leichtigkeit, eine Frequenz, die für einen Menschen schnell kritisch wird. Und: Die Lungen der Tiere sind ungewöhnlich groß, ihr Blut enthält besonders viele rote Blutkörperchen, um Sauerstoff zu speichern.

SONNENANBETER

Höllenotter, Vipera berus

EIGENTLICH PASST EINE SCHLANGE so gut ins Hochgebirge wie ein Krokodil nach Grönland: Selbst wenn sie ihre Eier an den sonnigsten, windstillsten Plätzen deponierte, die Sonnenwärme würde doch nie ausreichen, um das Gelege auszubrüten. Die Eier würden nachts und an wolkigen Tagen so stark auskühlen, dass die Jungtiere sterben müssten. Höllenottern – so heißen schwarz gefärbte Kreuzottern, die man oft im Gebirge antrifft – haben das so gelöst: Sie brüten die Eier im eigenen Körper aus. Wie warm Schlangen sind, hängt wie bei allen Reptilien von der Umgebungstemperatur ab. Aber die Höllenotter ist auffallend dunkel. Wenn sie sich sonnt, absorbiert das fast schwarze Schuppenhemd die Wärme; der Körper kann gut 20 Grad wärmer als die umgebende Luft werden. Sollte ein Sommer besonders kühl oder kurz ausfallen, bleibt dem Höllenotterweibchen Plan B: Notfalls kann es mit den Embryos im Bauch überwintern.

SCHNEESCHMELZER

Alpen-Soldanelle, Soldanella alpina

WER NUTZT DIE WARME JAHRESZEIT besonders effektiv? Die Soldanelle! Die lilafarbenen Blümchen wachsen in bis zu 3000 Meter Höhe, wo Frühling und Sommer oft nur drei Monate dauern. Soldanellen legen bereits im Herbst die Blütenknospen für die nächste Saison an und beginnen schon zu wachsen, wenn sie noch unter dem Schnee begraben sind. Durch eine 20 bis 30 Zentimeter dicke Schneedecke dringt etwa so viel Licht wie durch das Blätterdach eines Buchenwaldes. Das reicht der Soldanelle. Da sie immergrün ist, kann sie die Sonnenenergie schon unter der Schneedecke nutzen: Dunkle Farben absorbieren Wärme, sodass es nicht lange dauert, bis die dunklen Blätter und Blüten der Soldanelle wie winzige Schweißbrenner kleine Löcher in den Schnee geschmolzen und sich ins Freie durchgearbeitet haben, wo sie endlich von Insekten bestäubt werden können. ■

Mit ihrem naturbegeisterten Vater war **Veronika Straaß**, 52, schon als Kind in den Alpen unterwegs, oft widerwillig. Dass sie dennoch das Territorialverhalten von Habichten erforschte und zahlreiche Naturbücher schrieb, wertet sie als späte Einsicht.

dossier

Informationen in komprimierter Form

DIE ALPEN

Gewaltmarsch gen Rom: Vor mehr als 2200 Jahren querte Hannibal mit 37 Elefanten die Alpen

SCHICKSALSTAGE

EINE LIEBE AUF DEN ZWEITEN BLICK

Lange Zeit stellte sich angesichts der Alpenkämme nur eine Frage: Wie vermag man sie zu überwinden? Ans Bleiben dachten die Menschen erst viel später

Um **3200** v. Chr. Verletzt schleppt sich ein Mann aus Südtirol die Hänge zu einem der Pässe ins Ötztal hinauf. Er trägt einen edlen Ziegenfellmantel und ein wertvolles Kupferbeil. Vermutlich ist er auf der Flucht vor jenen, die ihn tags zuvor im Kampf verwundet haben. Den Weg über die Alpen sind schon viele vor ihm gegangen: Im Sommer führen Hirten ihre Schafe auf die Almweiden. Und seit mindestens 4000 v. Chr. nutzen die Menschen beiderseits der Alpen schmale Pfade, um Tauschgüter über die Pässe zu transportieren. Der flüchtende Mann hat das Tisenjoch in über 3000 Meter Höhe erreicht, als ihn eine Pfeilspitze von hinten durchbohrt. 5200 Jahre wird „Ötzis" Leichnam im Schnee ruhen, bis man ihn 1991 an der italienisch-österreichischen Grenze entdeckt.

***

218 v. Chr. Der Plan, den Karthagos Feldherr schmiedet, scheint irrwitzig: Nachdem die Römer ihm den Krieg erklärt haben, will Hannibal dem Feind mit einem Überraschungsangriff zuvorkommen – über die Alpen! Mit 37 Kriegselefanten, geschätzten 8000 Reitern und 38 000 Fußsoldaten marschiert der nordafrikanische Führer von Spanien über die Pyrenäen bis an den Fuß der südfranzösischen Alpen. Es gibt keine Straße durch das furchterregende Massiv. Und so gerät der Tross beim Aufstieg über vereiste Pfade immer wieder in die Irre. Tiere und Menschen stürzen ab. Vermutlich die Hälfte der Soldaten stirbt. Wie viele Elefanten überleben, ist unbekannt. Nach 15 Tagen Gebirgsmarsch gelingt das Unglaubliche: Karthagos Armee zieht in Oberitalien ein und schlägt die Römer. Doch dann begeht Hannibal einen Fehler. Anstatt die Hauptstadt einzunehmen, zieht er durch Italien. So heißt der Sieger am Ende des Zweiten Punischen Krieges erneut: Rom.

***

In den Jahren **46/47** vollenden Roms Ingenieure ein technisches Wunderwerk: die Via Claudia Augusta. Jahrzehntelang haben sie tödliche Schluchten überbrückt, sumpfige Täler befestigt und Trassen in steilen Fels gemeißelt. Nun durchzieht eine breite Fahrstraße die Alpen. Von der Hafenstadt Altinum bei Venedig führt sie über den Reschenpass bis nach Augsburg. Die Via Claudia ist so gut ausgebaut, dass selbst vierrädrige Luxuswagen Platz haben, in denen Roms Feldherren während der Fahrt ruhen oder Briefe diktieren. Fortan reisen Scharen von Legionären, Händlern und kaiserlichen Kurieren durch die Berge. Auch über andere Alpenpässe bauen die Römer Fahrwege. Das planvoll angelegte Straßennetz ist der Lebensnerv des römischen Imperiums. Denn es verbindet das Mutterland mit seinen Provinzen. →

Bereits die Römer überspannten den Inn: die heutige Finstermünzbrücke in Tirol

Doch die Zugänge nützen nicht nur den Römern: Als das Reich im 5. Jahrhundert zerfällt, dringen Germanen und andere „Barbaren“ mit Leichtigkeit nach Italien ein – über die Alpenstraßen.

***

Januar **1077**. Mitten im Winter muss Kaiser Heinrich IV. die Alpen überqueren, um beim Papst die Aufhebung des Banns gegen ihn zu erflehen. Einige Fürsten versperren ihm den Weg über den Brenner, die traditionelle „Kaiserstraße“. Und so weicht Heinrich auf seinem „Gang nach Canossa“ zum Mont Cenis im Westen aus. Mit seinen Getreuen kämpft sich der Kaiser durch die Schneemassen bis auf den Gipfel. Von dort geht es nur noch auf allen Vieren voran. Die Pferde müssen beim Abstieg liegend gezogen werden. So erreicht der reumütige Monarch die Burg von Canossa und wird vom Papst wieder in den Schoß der Kirche aufgenommen. Reisen durch die Alpen sind nicht nur im Winter lebensgefährlich. Zu jeder Jahreszeit fürchten sich Könige, Rom-Pilger oder Händler vor Unwettern und Räubern im Hochgebirge. Viele alte Römerstraßen sind verfallen. Statt breiter Brücken führen wacklige Stege über die Schluchten. Nur in Klöstern finden Reisende im Mittelalter Wärme, Schutz und Proviant.

***

Um **1650** n. Chr. Am Hofe Ludwigs XIV. nennen sie ihn den „König vom Simplon“. Kaspar von Stockalper, ein geschäftstüchtiger Walliser Kaufmann, hat den Pfad über den Simplon-Pass zu einer europaweit bekannten Transitstraße ausgebaut. Händler von Paris bis Mailand vertrauen ihm ihre kostbaren Waren an. Denn Stockalper besitzt das Transportmonopol für die Strecke. Er ist nicht nur Spediteur, sondern selbst Herr eines mächtigen Handelshauses. Auch andere reiche Kaufleute legen in den Alpen vereinzelt Straßen an. Doch das Gros der Waren wird weiterhin über schmale Gebirgspfade transportiert. Immer wieder muss die Fracht dabei zeitraubend umgeladen werden. Denn die ortskundigen Säumer, die Führer der Maultierkarawanen, übernehmen jeweils nur eine Etappe. Am Simplon kehren bald wieder beschaulichere Zeiten ein: Stockalper fällt – unter anderem wegen Neid auf sein Salzmonopol – in Ungnade und flieht um 1679 nach Italien. Bald darauf versiegt der internationale Warenstrom am Simplon.

***

September **1786**. „Von Innsbruck herauf wird's immer schöner, da hilft kein Beschreiben“, schwärmt Goethe, als er mit der Kutsche den Brenner hinauffährt. Die Schönheit der Gebirgslandschaft begeistert den Weimarer Dichter. Und nicht nur ihn: Viele Forscher und Künstler entwickeln im 18. Jahrhundert ein neues Verhältnis zur Natur. Reisen um des Reisens willen kommen in Mode.

Gut gefedert bergan: Goethes Reisegefährt

Europas Adelssöhne ziehen zum krönenden Abschluss ihrer Ausbildung auf „Kavalierstour“ nach Italien. Dass die Fahrt über die Alpen an Schrecken verloren hat, liegt auch an den neuen Chausseen. Vor allem Großhändler investieren viel Geld in den Straßenbau. Sie wollen den Handel ankurbeln; Militärs wie Napoleon möchten schnell ihre Kanonen durchs Gebirge befördern. So herrscht Anfang des 19. Jahrhunderts ein reger Postkutschenverkehr in den Alpen.

***

16. Mai **1854**. Mit dem österreichischen Kaiser und seiner Gemahlin an Bord schiebt sich eine Dampflok den Semmeringpass hinauf. Lange galt der Bau einer Eisenbahnstrecke durch das höchste Gebirge Europas als unmöglich. Doch Carl Ritter von Ghega hat kühne Viadukte und Tunnel konstruiert und so eine durchgehende Verbindung von

Lukratives Nadelöhr: Das Transportmonopol am Simplon-Pass lag lang in privater Hand

Wien bis Graz ermöglicht. Die Semmeringbahn wird zum Vorbild für etliche weitere Trassen. Dabei revolutioniert die Erfindung des Dynamits 1867 den Tunnelbau. 1882 rauscht der erste Zug durch den 15 Kilometer langen Gotthard-Tunnel: Nur noch acht bis zehn Stunden dauert die Fahrt von Luzern bis Mailand – eine Strecke, für die Postkutschen bislang Tage brauchten. Die Eisenbahn beschleunigt nicht nur den Transitverkehr. Sie läutet das Zeitalter des Alpentourismus ein.

***

23. September **1910**. Wenige Meter trennen den jungen Piloten vom rettenden Boden, als sein Flugzeug plötzlich ins Trudeln gerät. Geo Chavez hat gerade als erster Mensch den Hauptkamm der Alpen überflogen – vom Wallis über den Simplon bis ins italienische Domodossola. Doch wahrscheinlich haben schwere Turbulenzen den Eindecker beschädigt, die Landung misslingt, Chavez stirbt. Drei Jahre darauf gelingt dem Schweizer Oskar Bider unversehrt ein Flug über die Alpen. Die Luftfahrt lässt das gebirgige Hindernis inmitten Europas endgültig schrumpfen. In 10 000 Meter Höhe werden Düsenjets noch in jenem Jahrhundert Reisende minutenschnell über die Alpen bringen.

Tragischer Überflieger: Geo Chavez

Brennerautobahn im Eisacktal: 1971 noch im Bau, seit 1974 rauscht der Verkehr

Am 24. Dezember **1934** geht in Davos der erste moderne Schlepplift in Betrieb. 70 000 Skifahrer nutzen ihn allein in der ersten Saison. Andere Alpenorte ziehen nach. Denn seit Ende der 1920er Jahre boomt der Wintersport. Er ist nicht nur ein elitäres Vergnügen: Auch die städtische Mittelschicht kann sich mittlerweile einen Urlaub in den Bergen leisten. Der Weg auf die Gipfel wird seit Ende des 19. Jahrhunderts durch etliche Zahnrad- und Seilbahnen erleichtert. 1908 schwebt bei Bozen die erste Luftseilbahn der Alpen (1500 Meter lang) steil in die Höhe. Wie im Rausch erleben die Touristen in den Holzkabinen das rasant wechselnde Panorama. Rasch entstehen alpenweit Dutzende Schwebeseilbahnen.

***

Im April **1974** wird das letzte Teilstück der Brennerautobahn eröffnet, die nun von Innsbruck bis Modena führt. Die erste Autobahn über die Alpen soll die alten Gebirgsstraßen entlasten. Obwohl in den nächsten Jahren fünf weitere Schnellstraßen entstehen, stauen sich vor den Alpenpässen lange Auto- und Lastwagen-Kolonnen. Der Straßenverkehr in Europa hat sich seit Ende des Zweiten Weltkrieges vervielfacht. Nicht zuletzt die komfortablen Autobahnen locken immer mehr Spediteure von der Schiene auf die Straße. Zählten die Planer der Brennerautobahn an der italienischen Grenze 1959 noch 20 000 Lastwagen jährlich, so drängen sich mittlerweile am Brennerpass mehr als 5000 – pro Tag.

Brachte auch den Tourismus bergauf: der erste moderne Schlepplift in Davos

Weltrekord: Der Gotthard-Basistunnel soll 57 Kilometer durch die Alpen führen

Frühestens **2017** soll es in vielen Alpentälern ruhiger und sauberer werden: dank des Gotthard-Basistunnels. Der mit 57 Kilometern längste Tunnel der Welt ist eines der Herzstücke der Neuen Eisenbahn-Alpentransversale (NEAT), mit der die Schweiz einen Großteil des transalpinen Warenverkehrs auf die Schiene bringen will. Er wird die Alpen „flach" machen: Züge auf ihrem Weg zwischen Erstfeld (im Kanton Uri) und Bodio (im Tessin) werden kaum Steigung zu überwinden haben. ■ *Susmita Arp*

HOCHSICHERHEIT

GEWALTIGER GEHEIMNISTRÄGER

Hier geht kein Bit verloren: Tief im Berg liegt »Swiss Fort Knox I«, ein Hochsicherheitstrakt für das Informationszeitalter – in dem auch Privatleute ihre sensiblen Daten sicher verwahren lassen können

DIE WELT KÖNNTE UNTERGEHEN, die Daten blieben wahrscheinlich noch eine Weile erhalten. Tief in den Felsen des Berner Oberlandes, in einem ehemaligen Bunker aus dem Kalten Krieg, hat die Schweizer Sicherheitsfirma SIAG 1995 das erste von heute zwei „Swiss Fort Knox" eingerichtet. Banken, Firmen und Privatleute können hier sensible Daten speichern, Bits and Bytes, die nicht verloren gehen dürfen, das Gold des Informationszeitalters. Sie werden in einer Anlage verwahrt, die mehr an einen James-Bond-Film erinnert als an ein Rechenzentrum. Angriffen mit atomaren, biologischen und chemischen Kampfstoffen sowie elektromagnetischen Impulsen soll sie widerstehen können. Aber auch Erdbeben, Überflutungen, Erdrutschen und Flächenbränden. Gase können nicht eindringen, weil unterirdisch Überdruck herrscht. Bewaffnete Wachleute schützen die teils schuss- und sprengsicheren Einzelzugangsschleusen, biometrische Sicherheitssysteme verhindern unbefugtes Betreten. Mehrere Wochen lang könnte der Betrieb, nach dem Weltuntergang, aufrechterhalten werden, mit eigenem Strom, eigenem Wasser und Kühlung aus einem unterirdischen See. Nur: Wer brauchte die Daten dann noch?

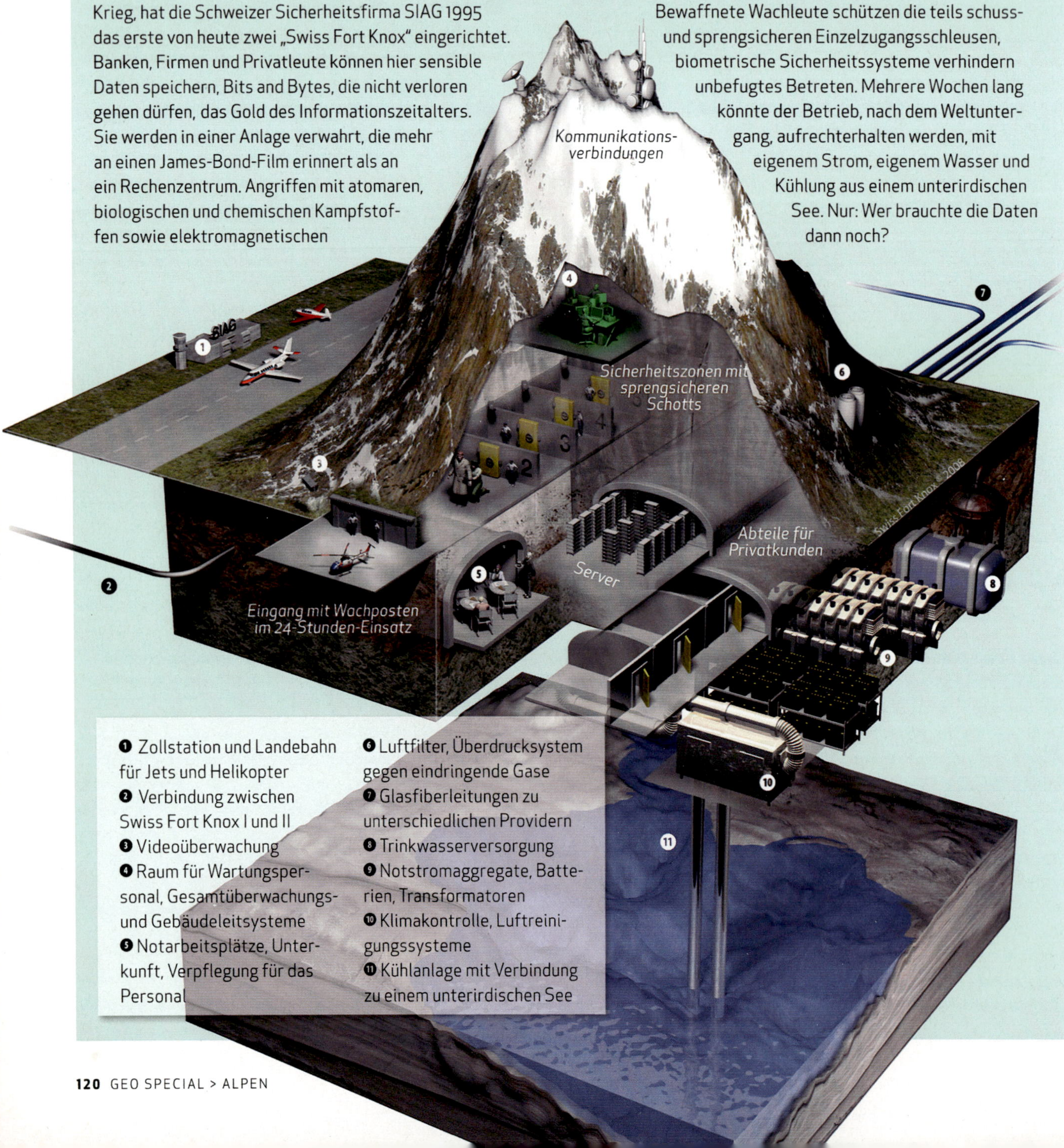

❶ Zollstation und Landebahn für Jets und Helikopter
❷ Verbindung zwischen Swiss Fort Knox I und II
❸ Videoüberwachung
❹ Raum für Wartungspersonal, Gesamtüberwachungs- und Gebäudeleitsysteme
❺ Notarbeitsplätze, Unterkunft, Verpflegung für das Personal
❻ Luftfilter, Überdrucksystem gegen eindringende Gase
❼ Glasfiberleitungen zu unterschiedlichen Providern
❽ Trinkwasserversorgung
❾ Notstromaggregate, Batterien, Transformatoren
❿ Klimakontrolle, Luftreinigungssysteme
⓫ Kühlanlage mit Verbindung zu einem unterirdischen See

Brauchte das Geld: Konstantin Wecker

Brauchen Schutzengel: Unfallopfer

Braucht Mut: Blick in den virtuellen Abgrund

GLÜHENDE ALPEN

Ein Sender sieht seine große Chance in Bergfilmen der besonderen Art: Lederhosen-Erotik von anno dazumal

JAHRELANG VERSTAUBTEN SIE IN ARCHIVEN, doch nun sind Filme wie „Kursaison im Dirndlhöschen" oder „Drei Schwedinnen in Oberbayern" zurück: Der Pay-TV-Sender Alpenglühen TVX hat die Dirndl-Softpornos der 1970er und 1980er Jahre aus der Mottenkiste gekramt.

Für „bodenständige erotische Unterhaltung" gebe es derzeit eine Marktlücke, glaubt Redaktionsleiter Thomas Mischek. Die Filme, in denen sich gut gelaunte Damen und fesche Buam auf Almwiesen und in Wirtshäusern vergnügen, seien „viel näher an der Lebenswirklichkeit" als das, was etwa die amerikanische Erotikindustrie biete, sagt Mischek. Der Ende 2007 gestartete Abo-Sender mit Sitz in Kitzbühel stellt inzwischen 150 000 Deutsche und Österreicher zufrieden. Zielgruppe? Männer mittleren Alters, die „die Filme noch von früher kennen".

Und auch mit vielen Fernsehstars gibt es dank der Alpenerotik-Renaissance ein Wiedersehen: Sascha Hehn, Ingrid Steeger oder Konstantin Wecker waren jung und brauchten Geld. Später machten sie dann angezogen Karriere.

GEFÄHRLICHES WANDERN

Selbstüberschätzung kann die Alpen zum Albtraum machen. Viele Unfälle passieren auf Wanderwegen

DER DEUTSCHE ALPENVEREIN hat nachgerechnet: Jeder dritte Unfall, bei dem ein DAV-Mitglied betroffen war, ereignete sich auf einem normalen Wanderweg. Häufigste Ursache: Mehr als die Hälfte der verletzten Wanderer stolperte oder stürzte, jeder fünfte hatte Herz-Kreislauf-Probleme oder war so erschöpft, dass er Hilfe benötigte. Knapp 14 Prozent von ihnen hatten sich verirrt, zwei Prozent gerieten in Not, weil sie von einem Wetterumschwung überrascht wurden. „Viele Wanderer gehen zu schnell, machen keine Pausen", sagt Stefan Winter, Ressortleiter Breitenbergsport beim Alpenverein. Auch eine Studie ergab: Wanderer neigen dazu, sich zu überfordern. 39 Prozent der Probanden waren unterwegs auf Routen, denen sie konditionell oder technisch nicht gewachsen waren.

Der DAV will nun gegensteuern: mit einer „BergwanderCard" im Hosentaschen-Format. Ein Selbsttest, mit dem ein Wanderer seine Kondition und Trittsicherheit beurteilen kann. Herunterzuladen unter *www.alpenverein.de -> Breitenbergsport.*

RASENDE HERZEN

Selbst gestandene Bergliebhaber sind nicht vor Höhenangst gefeit. Hilfe für sie: eine Therapie im Cyberspace

WER HÖHENANGST HAT, sollte die Alpen weiträumig meiden. Oder sich in die Universitätsklinik Basel begeben: Dort haben Psychologen des Forschungsinstituts COAT ein Computerprogramm erfunden, mit dessen Hilfe sich Akrophobie behandeln lässt – ohne schocktherapeutische Exkursionen auf reale Gipfel.

Mit der Cyberbrille auf der Nase und einem Joystick in der Hand kann der Patient den 31-stöckigen Baseler Messeturm hinauf- und hinunterfahren. Der Vorteil: Reaktionen wie Angst, Schweißausbrüche und Herzrasen sind echt, aber schwächer, verglichen mit den Folgen eines Echtwelt-Ausflugs. „Es ist ein bisschen wie eine Zahnbehandlung mit Betäubung", sagt der Psychologe Marcel Delahaye, einer der Entwickler.

Wie Höhenangst entsteht? Manche, sagt Delahaye, hatten ein traumatisches Erlebnis in den Bergen, bei anderen kam das mulmige Gefühl schleichend und ohne erklärbaren Grund. Das Therapieziel, ob mit oder ohne Brille: „Die Angst wird nicht verschwinden, aber man soll lernen, mit ihr umzugehen."

GEOLOGIE

GIPFEL VOM MEERESGRUND

Die Alpen haben sich durch ein gewaltiges Wechselspiel der Erdkräfte geformt. Noch ist dieser Prozess nicht zu Ende

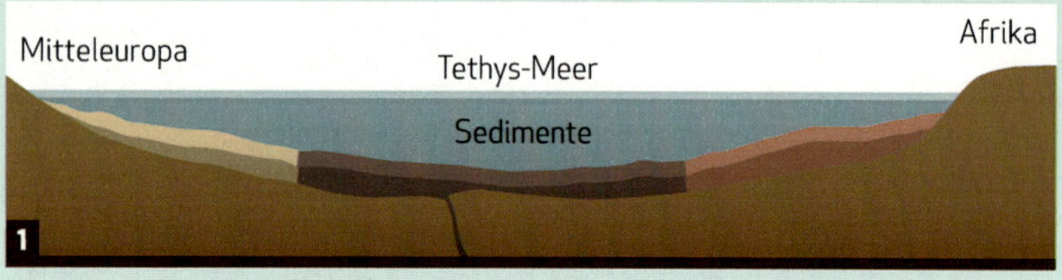

VOR ETWA 200 MILLIONEN JAHREN: Wo heute die Alpen sind, schwappte im Jura-Zeitalter das flache, warme Tethys-Meer zwischen Europäischer und Afrikanischer Platte. Auf dem Meeresgrund sammelten sich mächtige Sedimentschichten aus Schlamm, Schotter und Schalen von Meerestieren.

VOR ETWA 100 MILLIONEN JAHREN: Die Afrikanische Platte drückt nach Norden. Die Sedimentschichten (Decken) werden verschoben, falten sich wellenförmig auf und verhärten unter Druck und großer Hitze. Die Rücken der Faltenwürfe erscheinen als Inseln im Urmeer, noch sind sie nicht höher als ein Mittelgebirge.

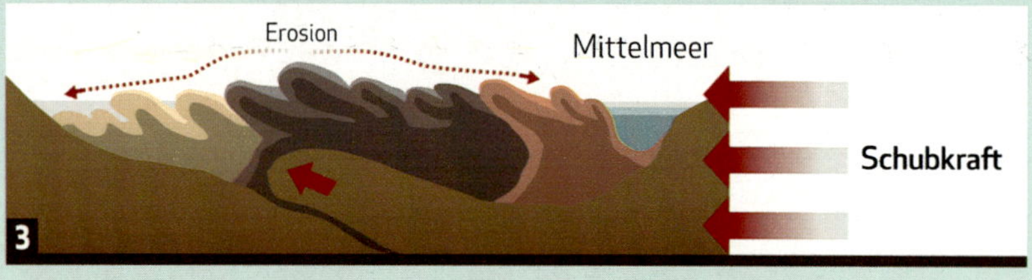

VOR ETWA 20 MILLIONEN JAHREN: Das Urmeer verschwindet, der Druck hält an. Wie Dachziegel schieben sich die Decken übereinander. Parallel dazu drängen tiefere Gesteinsmassen nach oben. Felsrutsche und Erosion tragen die Oberfläche ab und legen die tieferen Schichten frei. Es entstehen „geologische Fenster".

HEUTE: Die Alpen sind bis zu 250 Kilometer breit und nicht mehr wie vor der Zusammenfaltung rund 1000 Kilometer. Sie werden weiter nach oben gedrückt, wachsen aber kaum: Wind, Regen und Frost setzen ihr Erosionswerk fort.

Braucht Bibelfestigkeit: Regisseur Stückl

FROMMES SPEKTAKEL

2010 herrscht in Oberammergau der Ausnahmezustand: Über 2000 Dörfler führen die Passionsfestspiele auf

LANGE HAARE, ZAUSELBÄRTE, Menschen in Kutten: Wer in diesem Jahr nichts ahnend nach Oberammergau kommt, könnte glauben, in einem Hippiedorf gelandet zu sein. Seit Februar 2009 lassen sich fast alle Dörfler das Kopf- und Kinnhaar wachsen – denn im Passionsjahr 2010 stellt das weltgrößte Laientheater den Leidensweg Christi nach, ein Ereignis, nur alle zehn Jahre.

Sämtliche Schauspieler müssen im Dorf geboren sein oder dort seit mindestens 20 Jahren leben. So will es die Tradition seit 1633, als die Pest das bayerische Dorf heimsuchte. Damals versprachen die Menschen Gott, alles dafür zu tun, dass man ihn nie vergesse – wenn er denn helfe. Gott half, und die Dörfler hielten Wort. Rund 2500 der 5300 Oberammergauer wirken nun bei den 41. Festspielen mit, der Rest profitiert vom Tourismus. Zu dem Spektakel, das vom 15. Mai bis zum 3. Oktober fast täglich wiederholt wird, pilgern rund eine halbe Million Besucher. Der Lohn der langen Bärte: neben Gottgefallen ein erhoffter Erlös von 30 Millionen Euro.

BERGFILM

DIE ESSENZ DER EIGENEN GEFÜHLE

Mit dem Bergsteigerdrama »Nordwand« gelang Philipp Stölzl jüngst ein cineastischer Erfolg. Im Interview erzählt der Regisseur, weshalb er an ein lang verpöntes Filmgenre glaubt

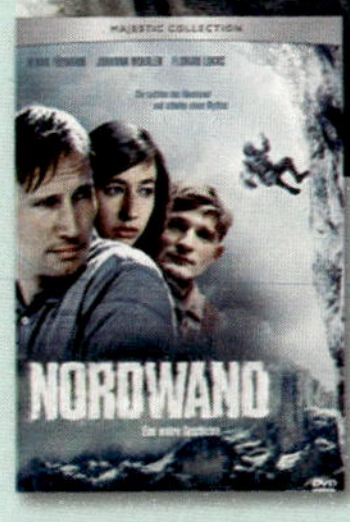

Drama nach wahren Begebenheiten: Aufstieg im Film »Nordwand«

Herr Stölzl, was eigentlich ist typisch für den Bergfilm?

Er ist ein Spielfilm, der Bergdrama und Seelendrama verquickt. Die Menschen in diesen Filmen, meist überlebensgroße Helden oder Bösewichte, kämpfen nie nur um den Gipfelsieg oder ihr Leben – sondern immer auch für eine Liebe oder gegen ein Schicksal. Dazu: Die Welt der Berge ist aufgeladen, und zwar mit Symbolen.

Und wie ist das Genre entstanden?

Mit Arnold Fanck, der das Filmen in den Bergen durch waghalsige Stunts und neue Kameratechniken revolutionierte. Seine Bildkraft, sein Wille zur Stilisierung haben die Bergfilme der 1920er und 1930er Jahre entscheidend geprägt. Luis Trenker und Leni Riefenstahl lernten ihr Handwerk, indem sie als Schauspieler bei Fancks Produktionen dabei waren.

Welcher von Fancks Filmen ist heute noch sehenswert?

Eindeutig „Die Weiße Hölle vom Piz Palü". Leni Riefenstahl spielt darin eine junge Frau auf Hochzeitsreise. In einer Berghütte trifft das Paar auf einen düsteren, todessehnsüchtigen Wiedergänger: Doktor Krafft. Der irrt über die Gletscher, seit seine Frau in einer Spalte starb. Die drei schneien ein. Riefenstahl verfällt Doktor Krafft: Sie zwischen zwei Männern, der Schnee schmilzt, sie schmilzt dahin, alles ist unglaublich symbolisch, am Ende friert Doktor Krafft im Gletscher ein. Sie merken schon: Die Bergfilme von damals sind zu opernhaft, zu pathetisch, als dass sie einen heute fesseln könnten. Aber filmhistorisch? Sind sie extrem interessant.

Der Bergfilm gilt als ideologisch kontaminiert, weil Fanck, Riefenstahl und Trenker gemeinsame Sache mit den Nazis machten.

Ja, tatsächlich führt ein visueller roter Faden von Fancks Bergfilmen zu „Triumph des Willens", Riefenstahls Film über den Nürnberger Reichsparteitag. Diese Bildsprache will immer Helden schaffen, das Maximale an Mystik und Pathos herausschlagen. Ihre klassische Einstellung ist die Untersicht, die den Menschen überlebensgroß erscheinen lässt.

Wie können sich Regisseure heutiger Bergfilme von diesem Erbe befreien?

Als wir „Nordwand" gedreht haben, wollten wir uns von den stilisierenden Heldenbildern der alten Bergfilme so weit wie möglich entfernen. Deren Pathos kann heutzutage nur noch ironisch zitiert werden. Nordwand sollte eine raue, brutale Ästhetik bekommen; der Zuschauer sollte das Gefühl haben, er klettere mit. Und natürlich haben wir die Instrumentalisierung der Bergsteiger durch die Nazis zum Thema gemacht.

Sie haben den Eiger schon selbst bestiegen. Welche Erinnerungen haben Sie an die Tour?

Das ist eines meiner intensivsten Erlebnisse. Ich erinnere mich an jede Einzelheit: Wie nachts die Lichter von Grindelwald unter uns leuchteten. Wie sich der Wind angefühlt hat. Ich empfinde es als großes Glück, hinauszugehen in diese feindliche, aber auch göttliche Ödnis. Wenn man aus einem überladenen Stressalltag kommt, führt einen die Stille, die Archaik der Berge zurück an die Essenz der eigenen Gefühle.

Große Gefühle in Schwarz-Weiß: Arnold Fancks Film von 1929 mit Leni Riefenstahl

FÜR KINDER AB
8 JAHREN
GEOlino
Das Erlebnisheft
SCHATTENTHEATER
Die große Show der Pappkameraden
AFGHANISTAN
Lesen lernen durch Skateboardfahren
ABENTEUER
Auf Weltreise für den Naturschutz
GIFTZWERG
Mit diesem Äffchen bitte nicht kuscheln
KÖNNEN DIESE AUGEN LÜGEN?
Wie sich Raupen durch das Leben tricksen
unicef
Bitte lächeln!
Können große Nasen besser riechen?
Alles, was Kinder wissen wollen. Jeden Monat in GEOlino.
www.geolino.de
GEOlino. Wissen macht Spaß

service

Die wichtigsten Tipps

DIE ALPEN

HIMMELBETTEN

Wer in ihnen schläft, ist den Sternen nah – auch wenn der größte Luxus meist der Ausblick ist. 20 wärmstens zu empfehlende Hütten. Und fünf Warnungen

Die folgenden sieben Hütten haben wir bereits auf den Seiten 18 bis 30 im Bild vorgestellt. Sie sind – wie alle Empfehlungen – auch in der Karte, Seite 140/141, verzeichnet.

❶ WEISSHORNHÜTTE

2932 m, Walliser Alpen
30 Lager. Geöffnet Mitte Juli bis Ende August
Für Kletterer mit dem Ziel Weisshorn-Gipfel. Und für Wanderer, denn die Umgebung hat auch unterhalb der 4505 Meter hohen Bergspitze landschaftliche Höhepunkte zu bieten.
ZUSTIEG: von Randa via Rötiboden, 4–5 Std.
INFORMATION: Luzius Kuster-Krauth, *Tel. 0041-27/967 38 53; www.sac-basel.ch/unsere-huetten/weisshornhuette.html*

❷ MEMMINGER HÜTTE

2242 m, Lechtaler Alpen
146 Lager. Geöffnet Mitte Juni bis Ende September
Idealer Startpunkt für Wanderungen in der weitgehend unerschlossenen, hochalpinen Gegend.
ZUSTIEG: ausgehend von Bach im Lechtal, 5 Std., 30 Min. Der Aufstieg lässt sich ab Bach mit dem Hüttentaxi (bis Schoberparkplatz) um drei Stunden verkürzen: Taxiunternehmen Feuerstein, *Tel. 0043-5633/56 33*
INFORMATION: Manuel Walch, *Fax 0043-5634/200 36; www.memmingerhuette.at*

❸ NEUE MONTE-ROSA-HÜTTE

2883 m, Walliser Alpen
120 Lager. Geöffnet Mitte März bis Mitte September
Die erst seit März 2010 eröffnete Zukunftshütte muss nun den Praxistext bestehen. Ein Pilgerort für Architekturinteressierte ist sie allemal.
ZUSTIEG: von der Bahnstation Rotenboden der Gornergratbahn, 2 Std., 30 Min.
INFORMATION: Manuela und Horst Brantschen, *Tel. 0041-27/967 21 15 oder 0041-78/605 45 33; www.section-monte-rosa.ch/cabanes_4.htm*

❹ RIFUGIO-PREUSS-HÜTTE

2243 m, Dolomiten
Keine Lager. Geöffnet Mitte Juni bis Ende September
Das Haus liegt direkt neben der weit größeren Vajolet-Hütte mit ihren 130 Schlafplätzen und bietet deshalb bescheiden, aber gut: nur Speis und Trank.
ZUSTIEG: knapp eine Stunde entfernt vom Rifugio Gardeccia, das mit dem Bus von Pera di Fassa angefahren wird.
INFORMATION: Fabio Bernard, *Tel. 0039-462/76 48 47*

❺ WATZMANNHAUS

1930 m, Berchtesgadener Alpen
212 Betten. Geöffnet Mitte Mai bis Mitte Oktober
Das Watzmannhaus ist der Ausgangspunkt für nahezu alle Touren am dritthöchsten Berg Deutschlands. Und, man sollte es bei seiner Lage nicht vermuten: Es hat sogar einen großen Kinderspielplatz auf der Rückseite.
ZUSTIEG: markierter AV-Weg Nr. 441 von der Wimbachbrücke über Stuben-, Mitterkaser- und Falzalm zum Ziel, 4 Std.
INFORMATION: Annette und Bruno Verst, *Tel. 08652/96 42 22; www.watzmannhaus.de*

❻ BIVACCO CARNIELLI

2010 m, Zoldiner Dolomiten
6 Lager. Unbewirtschaftet
Das Bivacco Carnielli thront in der Spiz-di-Mezzo-Wand hoch in den Zoldiner Dolomiten. Komfort? Fehlanzeige. Aber ein weicheres Ruhekissen für die Seele als diesen Ort wird man kaum finden.
ZUSTIEG: vom Val Pramper, einem Seitental des Val di Zoldo, über einen schmalen und sehr steilen Steig, 2 Std., 30 Min.
INFORMATION: *Tel. 0039/43-82 40 41; www.caiconegliano.it*

❼ DREIZINNENHÜTTE

2438 m, Sextener Dolomiten
140 Lager. Geöffnet Ende Juni bis Ende September
Neben dem Matterhorn sind die Drei Zinnen das berühmteste Postkartenmotiv der Alpen. Am besten live und in Farbe erleben, denn jede Postkarte verblasst angesichts der Realität.
ZUSTIEG: Weg 101 vom Parkplatz der Auronzohütte, 1 Std., 30 Min.
INFORMATION: Milka und Huga Reider, *Tel. 0039-474/97 20 02; www.hochpustertal.info* →

Ein Bett im Geröllfeld: die Neue Monte-Rosa-Hütte bei Zermatt

STARTBAHN

SACHBÜCHER

■ **Werner Bätzing: Die Alpen. Geschichte und Zukunft einer europäischen Kulturlandschaft.** *C. H. Beck, 2003, 34,90 €.* Als Professor für Kulturgeographie beschäftigt sich Bätzing seit mehr als drei Jahrzehnten mit den Alpen und ist längst zur Instanz geworden. In seinem Standardwerk bereitet er historische, gesellschaftliche und ökonomische Zusammenhänge leicht verständlich auf.

■ **Werner Bätzing: Bildatlas Alpen. Eine Kulturlandschaft im Portrait.** *Primus, 2005, 34,90 €.* Ein Bilderbuch mit wissenschaftlichem Anspruch: Historische und aktuelle Aufnahmen plus gut geschriebene Texte vermitteln anschaulich, wie sich das Gebirge verändert hat. Wer dieses Buch gelesen hat, wird die Alpen anders sehen (können).

■ **Nicholas Mailänder: Im Zeichen des Edelweiss. Die Geschichte Münchens als Bergsteigerstadt.** *AS-Verlag, 2006, 39,80 €.* Die Erkundungen der Landschaftsmaler, die Zeit der Bergvagabunden zwischen den Weltkriegen, die Verwicklungen des Alpenvereins im Nationalsozialismus, die Generation der Flower-Power-Alpinisten und das Hallenklettern als Fitnesssport: In diesem Buch bleibt kaum ein Aspekt alpiner Kulturgeschichte ausgespart.

■ **Stefan König: Die Alpenwanderer: Forscher, Schwärmer, Visionäre – Große Fußreisen durch das Gebirge.** *Tyrolia, 2009, 19,95 €.* Heinrich Noé, Ludwig Steub, Joseph Kyselak, Hans Conrad Escher von der Linth – gebildete Männer, Sinnsucher, Ökologen, Sonderlinge, die zu Fuß in die Berge gingen, lange bevor diese touristisch erschlossen wurden. Ihre teils schwärmerischen, teils ironischen Reiseerzählungen bettet der Autor in zeitgeschichtliche Zusammenhänge ein.

ROMANE/ERZÄHLUNGEN

■ **Walter Klier, Anette Köhler (Hrsg.): Wo die wilden Hunde wohnen. Klettergeschichten aus Tirol.** *Tyrolia, 2009, 17,95 €.* Selbstdarstellergeschichten aus der Feder von Extremsportlern sind meist eine eintönige Lektüre. Umso bemerkenswerter die Episoden in diesem Sammelband: kurzweilig, ironisch und weit über den Horizont des Innsbrucker Talkessels hinausragend. Ein unterhaltsamer Ausflug in die Klettergeschichte – auch für Normalbergsteiger.

■ **Otto Zumoberhaus: Am Schattenberg.** *Rotpunktverlag, 2009, 24 €.* Das Romandebüt des 81-jährigen Zumoberhaus, der die Geschichte eines Walliser Bergdorfs von Mitte des 19. Jahrhunderts bis in die Gegenwart erzählt. Dabei versteht er es, die Sitten und Gebräuche, die Werte und Konventionen seiner bäuerlichen Heimat präzise darzustellen und das Volkskundlich-Historische zugleich mit einer spannenden Familiensaga zu verweben.

REISEFÜHRER

■ **Ralf Gantzhorn, Andreas Seeger: Hüttentrekking Ostalpen. 30 Mehrtagestouren von Hütte zu Hütte.** *Bergverlag Rother, 2008, 24,90 €.* Tausende Höhenmeter bewältigten die beiden Autoren, bevor sie ihre Hüttentouren zwischen den Julischen Alpen und dem Rätikon in Buchform brachten. Die vier- bis fünftägigen Wanderungen sind detailreich beschrieben, mit informativen Karten und Höhenprofilen versehen und gut ins Bild gesetzt. Wer diese Routen erwandert hat, kann sich Band 2 zulegen: Darin geht es mit den 30 schönsten Hüttenwanderungen in den Schweizer Alpen weiter.

■ **Helmut Dumler, Willi P. Burkhardt: Viertausender der Alpen.** *Bergverlag Rother, 2007, 49,90 €.* Ein Klassiker! 1911 gelang es dem Wiener Karl Blodig, den letzten aller noch nicht bezwungenen Alpen-Viertausender zu besteigen. Seine Erfahrungen hielt er in einem 1923 erstmals erschienenen Buch fest. Seither ist es in immer neuen Auflagen herausgekommen: versehen mit brillanten Großformatbildern.

FILME

■ **Der Weg ist das Ziel – Die Eiger-Nordwand-Tragödie 1936.** *1981, 12 € plus Versand, zu bestellen unter margretbaur@gerhardbaurfilm.de.* Lange bevor sogenannte Spieldokus in Mode kamen, drehte Gerhard Baur am Originalschauplatz: in der berüchtigten Eigernordwand. Das authentische Drama um vier junge Bergsteiger, die beim Versuch der Erstbegehung ums Leben kommen, ist fesselnd inszeniert und kommt – anders als Philipp Stölzls Kinofilm „Nordwand“ von 2008 – ohne schmückende Liebesgeschichte aus.

■ **Heimatklänge – Vom Juchzen und anderen Gesängen.** *2008, 19,99 €.* Ein bild- und tongewaltiger Film über die menschliche Stimme. Und über die Virtuosität der Schweizer Stimmartisten Christian Zehnder, Noldi Alder und Erika Stucky, die mit Obertongesängen eigene Klangwelten erschaffen – und damit die Zukunft alpenländischer Musik neu definieren.

Erstklassiger Ausguck: die Tegernseer Hütte am Buchstein

DIE BESTEN HÜTTEN

❶ RIFUGIO CASERA BOSCONERO

1457 m, Dolomiten

35 Lager. Geöffnet Mitte Juni bis Mitte September

Der Aufstieg führt durch den italienischen Schwarzwald, den „Bosconero". Über Bäche, Lichtungen und durch eine dichte, fast urtümliche Vegetation. Die Hütte selbst ist wie aus dem Märchenbuch, ein kleines Blockhaus, eingerahmt von den Zacken und Zinnen der schwarzgelben Rochetta Alta. Rote Geranienkästen zieren ihre Holzfenster. Ein Hexenhäuschen, in dem Wirtin Monica die Gäste mit ihrem Essen verzaubert.

ZUSTIEG: leichte Wanderung vom Parkplatz am Lago di Pontesei, 2 Std.

INFORMATION: Monica Bagatin, *Tel. 0039-0437/78 73 46*

❷ OBERREINTALHÜTTE/ FRANZ-FISCHER-HÜTTE

1532 m, Wettersteingebirge

40 Lager. Geöffnet Pfingsten bis Anfang Oktober

„Hei, mi leckst am Arsch." So lautet der Oberreintalgruß, seit das bayerische Original Franz Fischer vor und nach dem Zweiten Weltkrieg das Unterkunftshaus betreute. Noch immer schallt er aus den Kalkwänden, wenn einer Seilschaft eine Klettertour gelungen ist. Eigentlich ist die Oberreintalhütte ein Selbstversorgerobdach, aber gegen kleines Entgelt kocht Wirt Hans Bader das mitgebrachte Essen, am liebsten Nudeln. Vorsicht: An schönen Sommerwochenenden ist die Hütte rappelvoll mit Kletterern. Wanderer sollten dann ausweichen auf die fast ebenso schöne Reintalangerhütte.

ZUSTIEG: von Garmisch-Partenkirchen durch die Partnachklamm und das Reintal, 3 Std.

INFORMATION: Hans Bader, *Tel. 08821/27 01; www.oberreintalhuette.de*

❸ TEGERNSEER HÜTTE

1650 m, Bayerische Voralpen

40 Lager. Geöffnet 2. Mai bis zum ersten November-Wochenende

Wie ein Adlerhorst liegt die kleine Holzhütte zwischen dem zwillingsgipfligen Roß- und Buchstein. Zwei felsgekrönte Hügel, die sich einst als Kalkriffe den Wogen des Tethys-Meeres entgegenstellten. Wer am Fuße der vorgelagerten Roßsteinnadel aufmerksam sucht, findet in den Felsbrocken bestimmt das ein oder andere Fossil. Zum Sonnenuntergang sollte man allerdings wieder bei der Hütte sein, denn einen imposanteren Blick auf die Wellenkämme des Alpenhauptkammes gibt es nicht. Und wenn dann auf der Terrasse zur Aussicht noch ein Tegernseer Klosterbier gereicht wird …

ZUSTIEG: von der Straße zwischen Kreuth und Achenpass am Parkplatz „Bayerwald". Durch steilen Bergwald und Almwiesen, zum Schluss über einen gesicherten Steig, 2 Std.

INFORMATION: Sylvia und Michael Ludwig, *Tel. 08029/ 997 92 62; www.heimat.de/ tegernseer_huette*

❹ BLAUEISHÜTTE

1680 m, Berchtesgadener Alpen

60 Schlafplätze (Lager/Betten). Geöffnet Mitte Mai bis Mitte Okt.

Die perfekte Hütte für alle: Kinder ab zehn Jahren lernen an den nahen Felsplatten das Klettern, während ihre Eltern beim Weißbier auf der Terrasse den Weitblick genießen; Wanderer besteigen die Schärtenspitze (2153 m), Abenteurer erkunden die Blaueishöhle. Seit 1928 betreut Familie Hang die Hütte, so herzlich und gastfreundlich, dass man immer wiederkommen wird.

ZUSTIEG: vom Parkplatz Seeklause in Ramsau-Hintersee, 2 Std., 30 Min.

→

WETTER

Die Hoffnung: fünf Tage Sonne in den Dolomiten – stattdessen sorgte ein Adriatief für Regen. Der Plan: entspannte Bergtour am Alpennordrand – und dann vermieste eine Kaltfront aus dem Westen den Wanderspaß. Wohl nur die wenigsten Urlauber hatten früher das Glück, in den Alpen immer auf das Wetter zu treffen, das sie sich wünschten. Seit es differenzierte Online-Wettervorhersagen gibt, ist die Chance größer, seinen Weg nach der Sonne zu richten. Telefonisch lässt sich das Alpenwetter erfragen unter **Alpenvereinswetterbericht für die Gesamtalpen,** *Tel. 089/29 50 70.* Im Internet unter **www.alpenverein.de -> Bergwetter**: Täglich um 15 Uhr aktualisierte Wetterlage und -prognose für die Ost- und Westalpen. **www.bergruf.de:** Sammlung von 1513 Webcams in den Ost- und 677 in den Westalpen. **www.dwd.de:** Wetterberichte und -prognosen des Deutschen Wetterdienstes. Einzelne Regionen: **www.arpa.veneto.it/bollettini/htm/meteo.asp:** Wetterbericht für die südlichen Dolomiten und Venezien. **www.chamonix-meteo.com:** Wetterbulletin für das Mont-Blanc-Gebiet und die französischen Alpen. **www.meteo.ch:** Informationen zur aktuellen Wetterlage in der Schweiz und über viele Themen rund um das Phänomen Wetter. **www.meteoschweiz.ch:** präziser Wetterbericht mit Detailprognosen und Isobarenkarten. Der Alpenwetterbericht ist allerdings kostenpflichtig. **www.meteotrentino.it:** Wetterbericht für das Trentino. **www.provinz.bz.it/wetter:** Wetterbericht für Südtirol und die Gardasee-Region. **www.zamg.ac.at:** Von der Innsbrucker Zentralanstalt für Meteorologie und Dynamik täglich erstellte Wetterprognose für die österreichischen Alpen.

NOTRUF

Dank Mobiltelefonen und moderner Bergungsmethoden ist eine Rettung in den Alpen heute fast überall möglich. Der **Euronotruf 112** ist für die Alpen besonders wichtig. Bekommt man kein Signal, Telefon ausschalten und nach dem Wiedereinschalten statt der PIN-Nummer die 112 wählen. Das Handy setzt dann automatisch den Notruf ab. Weitere Notrufnummern: **Bayern, Integrierte Leitstelle:** 112. **Österreich, Alpin-Notruf:** 140. **Schweiz, REGA:** 1414 (im **Wallis**: 144). **Italien:** 118. **Slowenien:** 112. **Frankreich:** 15.
Wer in Bergnot auf sich aufmerksam machen will, muss das **Alpine Notsignal** anwenden. Sechsmal pro Minute ein optisches und/oder akustisches Signal: Taschenlampe, Spiegel, Winken mit Kleidungsstück. Danach folgt eine Minute Pause, bevor sich die Prozedur wiederholt. Ist ein **Hubschrauber** im Anflug, sollte man dem Piloten mit dem international gebräuchlichen „Yes" (die nach oben ausgestreckten Arme und der Körper formen ein Ypsilon) signalisieren, dass man Hilfe braucht.
Da die **Kosten** für Rettung und Behandlung oft sehr hoch sind, empfiehlt sich der Eintritt in den **Deutschen Alpenverein**, um den **Alpinen Sicherheits-Service** in Anspruch nehmen zu können. Dieser beinhaltet: die Such-, Bergungs- und Rettungskosten europaweit bis zu 25 000 Euro, die Heilbehandlung nach einem Bergunfall im europäischen Ausland in unbegrenzter Höhe, den Krankenrücktransport und die Überführung im Todesfall aus dem europäischen Ausland. Die Versicherungsprämie ist im Mitgliedsbeitrag (abhängig von der Sektion ab 44 Euro jährlich für Erwachsene) enthalten.

INFORMATION: Familie Hang, *Tel. 08657/271; www.blaueishuette.de*

5 BERLINER HÜTTE

2042 m, Zillertaler Alpen

170 Schlafplätze. Geöffnet Mitte Juni bis Ende September

Vor gut einem Jahrhundert suchte die Sektion Berlin des Deutschen Alpenvereins einen Platz für eine Hütte – und fand ihn auf der Schwarzensteinalpe. 1911 wurde ein Gebäudekomplex eingeweiht, der dem imperialen Pomp des Kaiserreichs entsprach: 100 Betten in 63 Zimmern, drei Speisesäle, eine Postkanzlei und eine eigene Schuhmacherwerkstatt vereinigte er unter seinem Dach. Ein Besuch der Berliner Hütte ist bis heute ein Sprung zurück in der Zeit, ob unter dem funkelnden Licht der Lüster im Speisesaal oder bei der morgendlichen Katzenwäsche in einer der Porzellanschüsseln auf den Zimmern. Aber auch die Umgebung ist den Aufstieg wert: Der nach der Sektion benannte „Berliner Höhenweg" gilt als eine der schönsten Mehrtageswanderungen in den Alpen.
ZUSTIEG: markierter Wanderweg vom Breitlahner Hof, 3 Std.
INFORMATION: Kerstin Schöneborn, *Tel. 0043-5286/52 23; www.berlinerhütte.at*

6 SEETALHÜTTE

2065 m, Silvrettagruppe

16 Lager. Geöffnet Ende Juni bis Anfang Oktober, außer Mittwoch

Die Seetalhütte ist ein Unikum. Sie ist das kleinste bewirtschaftete Refugium der Schweiz. Eigentlich mehr Biwak als Hütte, besteht sie aus einem einzigen Raum: gleichzeitig Küche, Aufenthaltsgelegenheit und Schlafstätte. Ob sie bewirtschaftet wird, steht und fällt mit Hüttenwirt Max Zangerl. Der „Seetal-Max" hat seine Hütte aufgebaut, er bewirtschaftet sie, nur selten ist eine noch engere Symbiose zwischen Mensch und Behausung zu sehen. Zangerl und seine Hütte zu erleben, das lässt ahnen, wie wenig es zum Glücklichsein eigentlich braucht.
ZUSTIEG: markierter Wanderweg von der Alp Sardasca östlich von Klosters, 1 Std., 30 Min.
INFORMATION: Max Zangerl, *Tel. 00870-761/98 32 63*

7 SALBITHÜTTE

2105 m, Urner Alpen

60 Lager. Geöffnet Mitte Juni bis Mitte Oktober

Das Besondere dieser Hütte: Hans Berger, ihr Wirt. Immer positiv, nie um einen guten Tipp verlegen. Früher lag dieser Hort der Freundlichkeit in einer Sackgasse, deren

Kaiserlicher Pomp in königlicher Umgebung: die Berliner Hütte

Besuch nur für Kletterer sinnvoll war, denn weiter hinauf ging es nur über die Granitgrate und -wände des Salbitschijen. Ab Frühjahr 2010 wird Bergers Reich auch für Wanderer attraktiv sein: Ein Klettersteig wird eröffnet, der unter anderem über die spektakuläre Salbitbrücke hinüber zur Voralphütte führt. Damit ist die Salbithütte auch an das Fernwandernetz der Urner Alpen angeschlossen.
ZUSTIEG: markierter Wanderweg vom Bahnhof in Göschenen oder vom Parkplatz Ulmi im Göschenental. Die Wege treffen sich auf der Alp Regliberg, 2 Std., 30 Min./3 Std., 30 Min.
INFORMATION: Hans Berger, *Tel. 0041-41/885 14 31; www.salbit.ch*

8 SCIORA-HÜTTE/CAPANNA DI SCIORA

2118 m, Bergeller Alpen

42 Lager. Geöffnet Anfang Juli bis Ende September

Zwischen den hausgroßen Granitblöcken, die oberhalb des Val Bondasca die Wiesen sprenkeln, ist die Sciora-Hütte gut getarnt. Wer den langen Zustieg hinter sich gebracht hat, wird mit einem Panorama belohnt, das schon den Bildhauer Giovanni Giacometti inspirierte. Hinter der Hütte liegt der Piz Gemelli, dessen scharfe Westkante wie ein Bügeleisen aussieht – und auch so heißt. Gegenüber blickt man in die gewaltigen Nordwände des Piz Cengalo und Piz Badile. Unbedingt einen Tag Zeit nehmen und die Höhenwanderung zur Sasc-Furä-Hütte anschließen.

ZUSTIEG: von Promontogno durch das Val Bondasca, dann über die Almen Laret, Camin und Naravedar, 4 Std.

INFORMATION: Barbara Salis-Hofmeister, *Tel. 0041-81/822 11 38*

9 FELDNERHÜTTE

2182 m, Hohe Tauern

25 Schlafplätze. Geöffnet Anfang Juli bis Mitte September

Hier gibt es mitten in Kärnten schwäbische Maultaschen, denn die Hüttenwirte kommen aus Schwaben. Was sie suchten? Vermutlich das Gleiche wie die meisten Bergwanderer: einen Platz weit weg vom Lärm der Zivilisation. Gut, dass die Kreuzeckgruppe eine der ruhigsten und abgelegensten Berggruppen Österreichs ist.

ZUSTIEG: von Greifenburg über das Gnoppnitztal, 7 Std.

INFORMATION: Bruno Langkau, *Tel. 0043-650/610 43 79*, Buchung am besten per SMS

10 CABANE DE LOUVIE

2207 m, Walliser Alpen

54 Lager. Geöffnet Anfang Juli bis Mitte September

Es gibt Anblicke, die einen ganz still und andächtig werden lassen. Dazu gehört das Spiegelbild des Grand-Combin-Massivs im Lac de Louvie. Die direkt am See gelegene Hütte stört dabei nur unwesentlich. Im Gegenteil. Schließlich kann man dort abends Käsefondue und Walliser Wein ordern und dann gut schlafen. Nach dem Sinn der Schöpfung fragt hier niemand mehr.

ZUSTIEG: von Fionnay auf direktem Weg zur Hütte, 2 Std. Schöner ist es von Lourtier über den Col Termin, 6 Std.

INFORMATION: Anne Gattoni, *Tel. 0041-27/778 17 40*

11 ARTHUR-VON-SCHMID-HAUS

2281 m, Hohe Tauern

90 Schlafplätze. Geöffnet Anfang Juni bis Mitte Oktober

Kurz nach Beginn des schweißtreibenden Aufstiegs hängt mitten im Wald ein Schild: Es fordert den konditionsstarken Wanderer auf, Gras für die oben auf der Hütte lebenden Hasen mitzunehmen; entsprechende Tütchen hängen daneben. Man selbst kann zu viel Proviant getrost im Tal lassen. Denn die Küche ist gut auf dieser frisch renovierten Hütte, die 2011 ihren 100. Geburtstag feiert. Weiteres Plus: modern ausgestattete Klettersteige und Klettergärten in der Umgebung, für die sich auch ein Aufenthalt über mehrere Tage lohnt.

Renoviert macht es strahlend: das Arthur-von-Schmid-Haus

ZUSTIEG: von Mallnitz (Bahnhof) lässt man sich zum Wanderparkplatz im Dösener Tal bringen oder steigt mit eigenem Auto gleich dort aus. Über Konradhütte und Dösener Alm führt ein markierter Wanderweg, 2 St., 30 Min. bis 3 Std.

INFORMATION: Johann Fleissner-Rieger, *Tel. 0043-664/112 28 27*

12 TIEFRASTENHÜTTE

2312 m, Pfunderer Berge

45 Lager. Geöffnet Ende Mai bis Ende Oktober

Abseits aller touristischen Pfade liegen die Pfunderer Berge mit ihren Aussichten sowohl in die Dolomiten als auch in die Zillertaler Alpen. Und inmitten dieser grünen Bergwelt, am Ufer eines Sees, thront die Tiefrastenhütte. Das Besondere an ihr aber ist nicht nur die Lage, sondern auch das Frühstücksbuffet. Wer hier abnehmen möchte, muss sich im Anschluss ordentlich anstrengen.

ZUSTIEG: markierter Wanderweg Nr. 23 von Terenten, 2 Std.

INFORMATION: Familie Unterkirchner, *Tel. 0039-0474/55 49 99*

13 GLECKSTEINHÜTTE

2317 m, Berner Alpen

90 Schlafplätze. Geöffnet Mitte Juni bis Mitte Oktober

Der Zustieg? Spektakulär. Blumenwiesen, Wasserfälle, eine →

Krönt den Monte Nuvolau bei Cortina d'Ampezzo: das Rifugio Nuvolau

Edelweiß-Kolonie. Das Panorama? Dramatisch. Zerschrundene Gletscher, eisbedeckte Viertausender, weit unten blitzt Grindelwald. Die Hütte? Perfekt geführt von Familie Kaufmann. Heilkräuterwanderungen veranstaltet sie, Yoga-Wellness-Tage, und neuerdings lässt sie auch einen Whirlpool schäumen. Außerdem streut sie abends Salz aus, dann kommen Steinböcke bis auf wenige Meter an die Hütte heran und lassen sich fotografieren.
ZUSTIEG: vom Bahnhof Grindelwald mit dem Bus zur Haltestelle Glecksteinweg, ab da dem ausgeschilderten Wanderweg folgen, 2 Std., 30 Min.
INFORMATION: Familie Kaufmann, *Tel. 0041-33/853 11 40; www.gleckstein.ch*

⑭ BRANCA-HÜTTE/ RIFUGIO CESARE BRANCA

2493 m, Ortlergruppe

120 Schlafplätze. Geöffnet März bis September

Um in hochalpine Zonen vorzudringen, sollte man über Gletscher und ihre Gefahren Bescheid wissen. Solche Ausflüge sind nichts für jedermann. Für reine Alpengucker bietet sich der kurze Aufstieg zur Branca-Hütte als Alternative an. Diese liegt auf einer Aussichtskanzel am Fuß des weitläufigen Forni-Gletschers, dessen Eis sich wie ein glatt gestrichenes Laken über den graubraunen Moränenschutt der südlichen Ortlergruppe legt. Es lohnt sich, in dieses natürliche, von 13 Gipfeln geformte Amphitheater aufzusteigen. Noch ist es mit Eis gefüllt.
ZUSTIEG: vom Ende der Straße im Forni-Tal im Veltlin über einen Schotterweg bis zu einem Staudamm. Nun am Wildbach Cedec bergauf, bis man diesen überquert und die Hütte erreicht, 1 Std.
INFORMATION: Familien Alberti und Confortola, *Tel. 0039-0342/93 55 01; www.rifugiobranca.it*

⑮ RIFUGIO NUVOLAU

2575 m, Dolomiten

26 Lager. Geöffnet Mitte Juni bis Mitte September

„Tagsüber geht es zu wie im Zoo, abends herrscht Ruhe", sagt der Hüttenwirt über sein im 19. Jahrhundert erbautes Rifugio. Dies liegt vor allem daran, dass eine Seilbahn tagsüber Hundertschaften von Touristen den Berg hinauf- und hinunterfährt. Wer nicht über Nacht bleibt, versäumt jedoch ein spektakuläres Schauspiel. Morgens und abends, wenn die Sonne die bleichen Berge ausleuchtet, reihen sich sämtliche Dolomitengruppen in eine Kulisse ein, die kein Requisiteur der Welt erfinden könnte. Kurz: das beste Hüttenpanorama der Dolomiten!
ZUSTIEG: Die Hütte liegt oberhalb der Bergstation des Liftes zum Rifugio Averau, 30 Min.
INFORMATION: Familie Mansueto, *Tel. 0039-0436/86 79 38; www.nuvolau.com*

⑯ TOPALIHÜTTE

2674 m, Walliser Alpen

44 Schlafplätze. Geöffnet Anfang Juli bis September

„Zu Gast bei guten Freunden" lautet das Motto der modernen und trotzdem gemütlichen Hütte, und es wird mit Leben gefüllt. Nicht nur das Speisen mit Blick auf die Mischabel ist ein Hochgenuss. Auch als Ausgangspunkt für Touren überzeugt das Haus: Herausragend im wahrsten Sinne des Wortes ist dabei das Barrhorn, mit 3610 Metern der höchste Wandergipfel Europas.
ZUSTIEG: markierter Wanderweg von St. Niklaus über Jungen (Seilbahn) und die Wasulicke oder über Ze-Schwidernu und Blattaebi, 4 Std., 30 Min. bis 6 Std.
INFORMATION: Jaqueline Imboden-Lochmatter, *Tel. 0041-27/ 956 21 72; www.topalihitta.ch*

⑰ HÖLLENTALGRATHÜTTE

2684 m, Wettersteingebirge

6–8 Lager. Unbewirtschaftet

Es ist nicht viel, was diese Biwakschachtel auf dem Jubiläumsgrat bietet: ein Wellblechdach über dem Kopf und vier kostenlos zu nutzende Pritschen ohne Decken. Gedacht als Notunterkunft, kann sie zudem eine gewisse Ähnlichkeit mit einem Baucontainer nicht verhehlen. Und doch: Für trittsichere Romantiker ist sie ein erhabenes Nest, mitten auf der schönsten Route, die auf das Dach Deutschlands, die Zugspitze, führt.
ZUSTIEG: in der Mitte des Jubiläumsgrates, der Verbindung zwischen Alp- und Zugspitze.
INFORMATION: Konrad Kirch, *Tel. 08153/95 23 92*

⑱ REFUGE PLAN GLACIER

2730 m, Mont-Blanc-Gruppe

20 Lager. Geöffnet Mitte Juni bis Ende August

Schöne Hütten im französischen Teil der Mont-Blanc-Gruppe? Eine Seltenheit. Ausgenommen dieses Refuge, das zwar aussieht wie ein Bretterverschlag, der in einer Felsnische zusammengenagelt wurde. Dafür aber ist der Blick in die Nordwand des Dôme de Miage sensationell. Wasser gibt es auf der Hütte nicht, aber Rotwein ist normalerweise in ausreichenden Mengen vorhanden. Einem gemütlichen Hüttenabend mit Sonnenuntergang steht also nichts im Wege.
ZUSTIEG: vom Wanderparkplatz La Gruvaz (1120 m) oberhalb der Straße zwischen Saint-Gervais und Contamines. Von dort auf markiertem Wanderweg über die Alp Chalets de Miage (guter Kuchen) zur winzigen und primitiv ausgestatteten Hütte, 6 Std.
INFORMATION: *Tel. 0033-631/ 66 92 38*

⑲ CABANE D'ARPITETTAZ

2786 m, Walliser Alpen

30 Lager. Geöffnet Ende Juni bis Mitte September

Eine alte Bergsteigerregel besagt: Je weiter die Hütten von den Viertausendern entfernt sind, desto freundlicher sind ihre Wirte. Das hängt mit der Massenanziehungskraft von Bergen mit imponierenden Höhen zusammen. Auf die Arpitettaz-Hütte trifft die Regel allerdings nicht zu: Sie steht in unmittelbarer Nähe der drei schönsten Viertausender im Wallis – Weisshorn, Zinalrothorn und Dent Blanche. Da man diese aber nur von der Hütte sehen (und nicht erreichen) kann, ist sie trotz ihrer wundervollen Lage unmittelbar am Fuß des Weisshorns selten besucht. Und das garantiert eine entspannte Bewirtung.
ZUSTIEG: auf markiertem Wanderweg ausgehend von Zinal, 4 Std.
INFORMATION: Gilles Froideraux, *Tel. 0041-27/475 40 28*

⑳ BALTSCHIEDERKLAUSE

2783 m, Berner Alpen

76 Lager. Geöffnet Anfang Juli bis Ende September

Baucontainer mit Luxusblick: die Höllentalgrathütte

Diese Hütte trägt ihren Namen zu Recht: Baltschiederklause. Wie die Klausner des Mittelalters die absolute Einsamkeit suchten, kann man sich hier, am Ende des längsten Hüttenzustiegs der Schweiz, einquartieren. Umgeben von gewaltigen Gletschern und der formschönen Pyramide des Bietschhorns, bleibt viel Zeit, um in aller Abgeschiedenheit zu meditieren oder Luftlöcher zu gucken. Einziger Besuch sind einige Steinböcke, die morgens und abends in schöner Regelmäßigkeit vor dem Hütteneingang stehen, um Salz zu lecken.

ZUSTIEG: auf markiertem Wanderweg, ausgehend von einem Parkplatz (ca. 1250 m) nach der ersten Kehre der Maut(!)-Straße von Ausserberg nach Raaft. Dort führt ein rund 1,5 Kilometer langer Tunnel parallel zu einem Bewässerungskanal in das Baltschiedertal, 7 Std. Wer mit der Bahn fährt, muss in Ausserberg (931 m) aussteigen und mit einer weiteren Stunde auf der Straße sowie 300 Höhenmetern zusätzlich rechnen.

INFORMATION: Beate und Marie-Paule Leiggener, *Tel. 0041-27/952 23 65; www.rhone.ch/baltschiederklause*

KEINE EMPFEHLUNG

RUDOLFSHÜTTE

2315 m, Hohe Tauern

Seit der Österreichische Alpenverein sein Ausbildungszentrum an einen privaten Investor verkauft hat, heißt die Rudolfshütte „Berghotel Rudolfshütte", der Prospekt preist die „urige Hüttenatmosphäre" an. Allerdings machen laut dröhnende Fernsehgeräte in Nachbarzimmern, Billiard spielende Jugendliche und der regelmäßige „Gesangsabend mit Barchef Andy" die Hütte nicht eben zu einem Ort, an den man sich gern zurückzieht. Da können die 22 Dreitausender in der „Weißsee Gletscherwelt", die sonst schlicht Hohe Tauern heißt, noch so schön sein.

SCHRECKHORNHÜTTE

2530 m, Berner Alpen

Landschaftlich zählt der Hüttenzustieg zu den eindrucksvollsten der Schweiz. Auf Wiesen geht es parallel zum Gletscher zur unterhalb des Schreckhorns gelegenen Hütte hinauf. Oben angekommen, scheint der Name Programm zu sein: „Oh Schreck, ein Gast!"

VAJOLET-HÜTTE/ RIFUGIO VAJOLET

2575 m, Dolomiten

Der Fluch der schönen Lage und des kurzen Zustiegs trifft auch die Vajolet-Hütte am Fuße der gleichnamigen Türme in der Rosengarten-Gruppe. Den Hüttenwirten kann man keinen Vorwurf machen. Wenn man an jedem schönen Augusttag mindestens 130 Übernachtungsgäste und ungezählte Tagesgäste unterhalten, verpflegen und versorgen muss, dann stumpft man einfach ab. So wird eine Hütte zur Bahnhofsgaststätte in gehobener Lage.

MÖNCHSJOCH-HÜTTE

3650 m, Berner Alpen

Nein, man mag sich nicht von einer unfreundlichen Hüttenwirtin anschnauzen lassen, nur weil man im Weg steht. Man möchte auch nicht, höhenkrank und erschöpft von einer Überquerung des Eiger kommend, vor die Tür gesetzt werden, weil die Hütte ausgebucht ist. Ein zuvorkommender Wirt hätte gezuckerten Tee samt einer Wolldecke gebracht und ein Lager im Essraum angeboten. Aber auf dieser Hütte herrscht ein rauer Ton.

GOÛTER-HÜTTE/ REFUGE DU GOÛTER

3817 m, Mont Blanc

Superlative kitzeln den Ehrgeiz, gerade beim Bergsteigen. Auf den Mont Blanc quälen sich viele, die besser im Tal geblieben wären, weil sie dem höchsten Riesen der Alpen überhaupt nicht gewachsen sind. Der Ausgangspunkt dieser hoffnungslos Überforderten ist die Goûter-Hütte. Deshalb ist sie stets völlig überfüllt. →

BEST OF BERGE

Acht Tage, sechs Tage, vier Tage. Wir haben drei Wanderungen zusammengestellt, die Sie auf alpines Terrain führen – für Freunde des Aufs und Abs

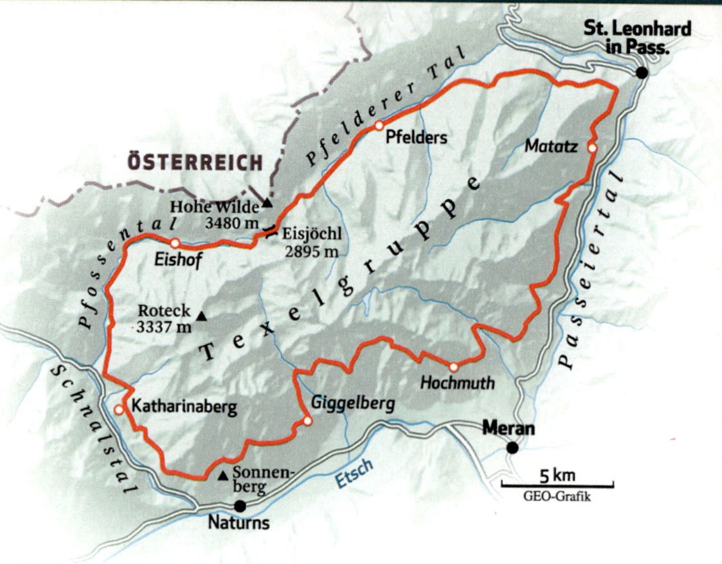

KARNISCHER HÖHENWEG

Lage: Karnischer Hauptkamm, Grenzgebiet Österreich/Italien
Startort: Sillian (1103 m) im Osttiroler Hochpustertal. Anfahrt über Brenner und Toblach oder Felbertauerntunnel und Lienz
Zielort: Naßfeld (1552 m), Straßenpass zwischen Kärnten und Friaul
Charakter: Die Karnischen Alpen sind ein Dorado für geologisch interessierte Bergwanderer. Entlang der Route liegt ein „Geo-Trail", der Einblicke in den komplexen Gebirgsaufbau gibt. Aus dem engen Nebeneinander von Gesteinen aus verschiedenen Erdzeitaltern ergeben sich landschaftliche Kontraste. Dafür hatten die Soldaten im Ersten Weltkrieg freilich keine Augen: Durch die Karnischen Alpen verlief eine heftig umkämpfte Front, bis heute stößt man auf Relikte wie Stollen und Schießstände. Die Wanderung hat alpinen Charakter. Man sollte trittsicher sein und Kondition für acht lange Tagesetappen haben.
Besonderheiten: Sehr viel Alpen in nur acht Tagen.

DIE ETAPPEN

1. Tag Sillian (1103 m) bis Sillianer Hütte (2447 m)
1340 Hm Aufstieg, 4 Std.
Der Zustieg zum Höhenweg verläuft durch dichten Wald, dafür hat man von der Hütte einen Eins-a-Dolomitenblick.

2. Tag Sillianer Hütte (2447 m) bis Obstanserseehütte (2304 m)
440 Hm Aufstieg, 580 Hm Abstieg, 4 Std., 30 Min.
Die spektakuläre Kammwanderung führt über mehrere Gipfel und endet am Obstansersee, einem idyllischen Kleinod in rauer Umgebung.

3. Tag Obstanserseehütte (2304 m) bis Porzehütte (1942 m)
700 Hm Aufstieg, 1060 Hm Abstieg, 5 Std.
An der Pfannspitze (2678 m) erreicht man den höchsten Punkt des Trekkings. Kurz danach wechselt man vom Altkristallin in die Kalkmassive von Kinigat und Porze.

4. Tag Porzehütte (1942 m) bis Hochweißsteinhaus (1868 m)
1180 Hm Aufstieg, 1250 Hm Abstieg, 8 Std.
Diese lange Etappe verläuft überwiegend entlang der Kammlinie, so wird man für die Mühen mit Ausblicken belohnt.

5. Tag Hochweißsteinhaus (1868 m) bis Wolayerseehütte (1959 m)
930 Hm Aufstieg, 840 Hm Abstieg, 6 Std.
Das Etappenziel liegt an einem der zauberhaftesten Plätze der Karnischen Alpen.

6. Tag Wolayerseehütte (1959 m) bis Untere Valentinalm (1220 m)
200 Hm Aufstieg, 940 Hm Abstieg, 2 Std., 45 Min.
Eine kurze, erholsame Etappe im Angesicht der Hohen Warte, des höchsten Gipfels im Karnischen Hauptkamm. Wer es anstrengender mag, kann die Variante über den Rauchkofel wählen (plus 1 Std.).

7. Tag Untere Valentinalm (1220 m) bis Zollnerseehütte (1720 m)
1800 Hm Aufstieg, 1300 Hm Abstieg, 9 Std.
Der südseitige Weg entlang des Kammes ist verschlungener, aber auch schöner als der auf der Nordseite. An der Kleinen Pal dokumentiert ein Freilichtmuseum die Schrecken des Ersten Weltkrieges.

8. Tag Zollnerseehütte (1720 m) bis Naßfeld (1552 m)
950 Hm Aufstieg, 1140 Hm Abstieg, 7 Std., 30 Min.
Die lange Schlussetappe führt durch lieblichere Höhenstufen und bietet so einen sanften Ausklang der Weitwanderung.

LITERATUR Mark Zahel: Hüttentreks. *Bruckmann, 2006, 29,95 €*

MERANER HÖHENWEG

Lage: Texelgruppe (Ötztaler Alpen), Südtirol
Start- und Zielort: Katharinaberg (1245 m) im Schnalstal. Anfahrt über Meran oder den Reschenpass und die Vinschgauer Straße. Einstieg aber auch an vielen anderen Orten möglich.
Charakter: Mit dem Meraner Höhenweg führt seit 25 Jahren ein „Freundschaftsband von Hof zu Hof, von Gemeinde zu Gemeinde, von Tal zu Tal". Die Wanderung umrundet auf uralten Steigen die Texelgruppe; sie ist etwa 100 Kilometer lang und verläuft beständig auf etwa 1400 Meter Höhe.
Besonderheiten: Panoramawandern mit Fern- und Einblicken: in das Leben der Menschen am Berg.

DIE ETAPPEN

1. Tag Katharinaberg (1245 m) bis Eishof (2071 m)
980 Hm Aufstieg, 150 Hm Abstieg, 4 Std., 15 Min.
Auftakt im urtümlichen Pfossental am Fuße des Ötztaler Hauptkamms. Der Eishof war bis Ende des 19. Jahrhunderts ganzjährig bewohnt – die höchste Dauersiedlung der Ostalpen.

2. Tag Eishof (2071 m) bis Pfelders (1622 m)
830 Hm Aufstieg, 1270 Hm Abstieg, 6 Std.
Die Etappe über das Eisjöchl (2895 m) vermittelt beeindruckende hochalpine Impressionen und führt vom Pfossen- ins Pfelderer Tal.

3. Tag Pfelders (1622 m) bis Matatz (1055 m)
470 Hm Aufstieg, 1050 Hm Abstieg, 5 Std., 15 Min.

Das Hinterpasseier ist landschaftlich nicht besonders spektakulär, gemütliches Wandern.

4. Tag Matatz (1055 m) bis Hochmuth (1361 m)
1050 Hm Aufstieg, 740 Hm Abstieg, 7 Std., 45 Min.
Hier reihen sich stolze Berghöfe wie an einer Schnur aneinander. Waldstrecken und offene Hanglagen wechseln sich ab.

5. Tag Hochmuth (1361 m) bis Giggelberg (1563 m)
800 Hm Aufstieg, 600 Hm Abstieg, 6 Std.
Hoch über dem Meraner Becken führt der Weg durch Berglehnen, die vom Tal bis zu den Gipfeln mehr als 2000 Meter Höhendifferenz haben.

6. Tag Giggelberg (1563 m) bis Katharinaberg (1245 m)
600 Hm Aufstieg, 920 Hm Abstieg, 6 Std.
Zum Abschluss durch die Weiler am Naturnser Sonnenberg. Für Liebhaber deftiger Südtiroler Marende gibt es Jausenstationen zuhauf.

LITERATUR Mark Zahel: Entdeckertouren Meraner Land. *Bruckmann, 2010, 19,95 €*

TOUR DES MUVERANS

Gebiet: Waadtländer Alpen, Schweiz
Start- und Zielort: Pont de Nant (1253 m), Anfahrt über Bex im Rhonetal, Ausfahrt an der A9
Charakter: Vier Tage dauert diese Rundtour – und sie führt durch vier verschiedene alpine Landschaften. Ein Schweizer Urwald, karge Hochtäler, schuttbedeckte Mondberge und die Blütenpracht des Vallon de Nant bilden szenische Kontraste, die stärker kaum sein könnten. Wer ein Faible für ursprüngliche Gegenden hat, wird sich in den Waadtländer Alpen wohlfühlen. Da nimmt man auch die bei Nässe etwas heikle Traverse in der Westflanke der Dents de Morcles in Kauf. Trittsicher sollte man allerdings sein.
Besonderheiten: Ein Geheimtipp unter den alpinen Trekkings! Sehr ursprüngliche, wenig erschlossene Landschaft.

DIE ETAPPEN

1. Tag Pont de Nant (1253 m) bis Derborence/Refuge du Lac (1480 m)
950 Hm Aufstieg, 720 Hm Abstieg, 4 Std., 45 Min.
Bei Derborence wächst einer der letzten Urwälder der Schweiz neben einem stillen See.

2. Tag Derborence (1480 m) bis Cabane Rambert (2580 m)
1280 Hm Aufstieg, 180 Hm Abstieg, 4 Std., 30 Min.
Längerer Aufstieg durch ein herbes Hochtal. Das Etappenziel liegt an der Südflanke des Grand Muveran, am höchsten Punkt der Tour. Die Aussicht!

3. Tag Cabane Rambert (2580 m) bis Cabane du Demècre (2361 m)
830 Hm Aufstieg, 1050 Hm Abstieg, 5 Std., 15 Min.
Abwechslungsreiche Höhenwege. Der Stützpunkt, hoch über dem Rhoneknie, ist eine beaufsichtigte Selbstversorgerhütte. Lebensmitteldepot vorhanden.

4. Tag Cabane du Demècre (2361 m) bis Pont de Nant (1253 m)
640 Hm Aufstieg, 1750 Hm Abstieg, 6 Std.
Großartiger Höhenweg mit Blick auf das Mont-Blanc-Massiv, gefolgt von einem langen Abstieg durch das Blumenparadies des Vallon de Nant.

LITERATUR Mark Zahel: Hüttentreks Schweiz. *Bruckmann, 2009, 29,95 €.*

→

Nahezu autofrei: das hochgelegene Fextal im Oberengadin

ENDSTATION FÜR ROMANTIKER

Sie suchen nach den abgeschiedensten Tälern der Alpen – idealerweise nach solchen, in denen ein knarziges, unerhört romantisches Hotel steht? Dann sind Sie hier am Ziel

❶ FEXTAL

Engadin, Schweiz

Hotel Fex, *Fex Curtins, Tel. 0041-81/826 53 55, www.hotelfex.com; HP ab 75 € p. P.*

DAS TAL: Friedrich Nietzsche, der große Wanderer der Philosophie, verbrachte sieben Sommer im nahen Sils-Maria und wurde nicht müde, das Fextal zu durchstreifen – ein knapp zehn Kilometer langes, karges Seitental des Engadin, auf gut 1900 Metern gelegen. Unzählige Denker und Philosophen folgten ihm. Nicht allen gefiel es: „Beides, die Narben der Zivilisation und das Unberührte jenseits der Baumgrenze, steht konträr zur Vorstellung von Natur als einem tröstlich, wärmend den Menschen Zubestimmten", schrieb Theodor W. Adorno. „Es verrät schon, wie es im Kosmos aussieht." Dennoch: ein Erlebnis.

DAS HOTEL: Bis heute reist man mit der Kutsche an, dem einzig gern gesehenen Verkehrsmittel im Fextal, und steigt dann knarrige Stiegen aus dunklem Holz empor in eines der 15 Zimmer. Abends, wenn die Tagesgäste fort sind und sich diese kosmische Stille einstellt, die so unbezahlbar geworden ist, versammeln sich die Hotelgäste im urigen Speisezimmer, laben sich, vom Knistern des Kamins begleitet, am tadellosen Vier-Gänge-Menü und schauen zu, wie hinten, über dem nackten Gletscher, der Mond aufgeht.

❷ RAURISERTAL

Hohe Tauern, Österreich

Alpengasthof Ammererhof, *Kolmstr. 21, Rauris, Tel. 0043-6544/81 12, www.ammererhof.at; HP ab 48 € p. P.*

DAS TAL: Man fährt immer geradeaus, bis es nicht mehr weitergeht, parkt, marschiert 20 Minuten zu Fuß und ist angekommen – in Kolm Saigurn, einem ganz bezaubernden Talschluss. Oben glänzt weiß der Hohe Sonnblick (3106 m), unten lädt ein Wanderweg ein, ein einzigartiges Hochmoor zu durchstreifen: einen verwunschenen Urwald mit mehr als 80 Tümpeln und Seen. In einem Seitental wird seit 1986 der in den Alpen ausgestorbene Bartgeier ausgewildert. Man kann ihm auf geführten Wanderungen nachspüren.

DAS HOTEL: Wie viele Sterne müssen sein? Gar keine – bei diesem Panorama. 1897 wurde in Kolm Saigurn der Hof erbaut, eine Trutzburg aus Stein, die bis heute Pilgernde auf der Suche nach Stille und Romantik empfängt. Die Küche kombiniert Bergbäuerliches mit Biokost. Die Zimmer: schlicht, bis auf das Sternenzimmer. In dem bettet man sich unter große Dachfenster und erhält eine Ahnung von der Unendlichkeit.

❸ LESACHTAL

Kärnten, Österreich

Kloster Maria Luggau, Bildungshaus der Serviten, *Maria Luggau 26, Maria Luggau, Tel. 0043-47/166 01, www.klosterurlaub-luggau.at; HP ab 27 € p. P.*

DAS TAL: Sie war lange gegen Vereinnahmung gewappnet, die schmale Furche zwischen den Lienzer Dolomiten und dem Kamm der Karnischen Alpen. Inzwischen erschließt eine brücken- und kurvenreiche Bundesstraße die wenigen Streusiedlungen, Wanderwege sind markiert. Doch noch erweist sich die ehemalige Unzugänglichkeit als Segen: keine Industrie, und wer im Sommer einmal die Orchideen- und Lilienwiesen auf der Mussen erlebt hat, ist verzückt über den Reichtum der Welt.

DAS HOTEL: Am dritten September-Wochenende ist jede Bettstelle im Ort belegt; dann strömen seit mehr als zwei Jahrhunderten Pilger zum Wallfahrtsort Maria Luggau, zu Fuß aus Italien. In der übrigen Zeit bietet das Kloster weltlichen Gästen himmlische Ruhe – und Erlebnisse weit über den normalen Alpenurlaub hinaus. Wer im Klostergarten liest oder sich im Refektorium Lesachtaler Kochkunst auftischen lässt, kann nicht anders, als Gottes Bodenpersonal zu preisen.

❹ WERDENFELSER LAND

Bayern

Schloss Elmau, *Elmau, Tel. 08823/180, www.schloss-elmau.de; HP ab 194 € p. P.*

DAS TAL: Ein kleines Hochplateau, von dichten, tiefgrünen Wäldern eingefasst; vereinzelte Heuschober, Feldwege, Sträßlein. Darüber: das steingraue Bollwerk der Wettersteinwand, das alles Menschengemachte in seinen Dimensionen schrumpfen lässt. Hier würde man nicht unbedingt ein Schloss erwarten, andererseits: Nirgendwo sonst käme das 1914 bis 1916 erbaute Schloss so gut zur Geltung wie in dieser wildromantischen Landschaft – in die sich schon der bayerische Märchenkönig Ludwig II. verliebt hat.

Sternenzimmer als Attraktion: der Ammererhof in den Hohen Tauern

Hier ist nicht nur der Turm spitze: das Hotelschloss in Elmau

DAS HOTEL: Über Jahrzehnte schrieb Loriot in Zimmer 118, wo ein großer Schreibtisch mit Blick auf die Wettersteinwand steht, Drehbücher und Sketche. Nach einem Brand im August 2005 ist das Haus nun ein Fünf-Sterne-Hotel mit geölten Eichenböden und goldenem Zierrat, und zwar eines wie eine Wundertüte. Es vereint weltentrücktes Refugium mit einem Veranstaltungsort für Jazzkonzerte, Kammermusik und Lesungen; Familien planschen im Family Spa oder im nahen Ferchenbach. Den Überblick behält Schlossherr Dietmar Müller-Elmau, er wurde in Zimmer 54 geboren.

5 BINNTAL

Wallis, Schweiz

Hotel Ofenhorn, *Binn im Goms, Tel. 0041-27/971 45 45, www.ofenhorn.ch; HP ab 55 € p. P.*

DAS TAL: Obwohl das Wallis ab Mitte des 19. Jahrhunderts ein touristischer Brennpunkt war, „kamen in dieses Thal nur Mineralogen auf kurzen Besuch". So steht es im „Itinerarium für das Excursionsgebiet Binnenthal" von 1870. Der abgeschiedene Seitenarm des Rhonetals galt lange als äußerst ergiebig – für Kristallsucher. Deren Erschließungswerk hilft heutigen Wanderern. Auf 150 Wanderweg-Kilometern durch eine zumeist geschützte Landschaft finden sie nun Schätze der ganz anderen Art: unvergessliche Tage.

DAS HOTEL: Es war ein ökonomisches Wagnis, ein Hotel an derart einsamem Ort zu bauen, doch Josef und Maria Schmid schreckten 1883 nicht davor zurück. Und wurden belohnt: Schon im ersten Betriebsjahr war das Ofenhorn ausgebucht, obwohl nur über einen meterbreiten Pfad zu erreichen. Maultiere trugen das Gepäck. Eine Anreise, die bis in die 1930er-Jahre beschwerlich blieb. Heute fahren Gäste mit dem Auto vor. Dem Zauber des liebevoll restaurierten Hauses aus der Pionierzeit der Hotellerie hat das nichts genommen.

6 VAL BAVONA

Tessin, Schweiz

Hotel Robiei, *San Carlo, Tel. 0041-91/756 50 20, www.robiei.ch; HP ab 35 € p. P.*

DAS TAL: Am obersten Ende des Val Bavona produziert ein Wasserkraftwerk Strom. Der aber wird an den elf winzigen Weilern →

zwischen Bignasco und San Carlo vorbeigeleitet. Das Schöne daran: Das Tal hat sich seine Wildheit bewahrt. Es ist nicht lieblich, sondern herb, unnahbar, gewaltig. Ganz so wie der Wasserfall, der bei Foroglio 80 Meter in die Tiefe stürzt. Wanderer füllen ihre Energiereserven kostenlos bei seinem Anblick auf. Oder für rund zehn Euro mit einem Tessiner Teller, bestehend aus Trockenfleisch, Speck und fetten Rohwürsten: Cotechini und Luganighe.

DAS HOTEL: Das Hotel Robiei hat sieben einfach eingerichtete Stockwerke und, ungewöhnlicher noch, sechs Ecken. In den 1960er-Jahren erbaut, um Arbeiter und Ingenieure des nahen Staudamms zu beherbergen, mutet es heute an wie ein futuristisches Manifest auf 2000 Meter Höhe. Interessant, aber zugleich auch deplatziert in der wilden Gras-, Gneis- und Gletscherwelt der Tessiner Alpen. Dennoch: idealer Ausgangspunkt, um sich vom Val Bavona elektrisieren zu lassen.

7 VAL D'ALA

Lanzotäler, Italien

Antico Albergo Camussot, *Balme, Valli di Lanzo, Tel. 0039-0123/828 37, www.camussot.it; HP ab 45 € p. P.*

DAS TAL: Der Zugang zum Val d'Ala liegt nur 40 Kilometer von Turin entfernt. Kein Wunder, dass viele der gutbetuchten Urväter des italienischen Alpinismus das Dörfchen Balme zum Ausgangspunkt ihrer Touren wählten. Heute ist der Ort Etappenziel der Grande Traversata delle Alpi (GTA). Unisono berichten Liebhaber dieses Weitwanderweges, dass sie gern viel länger geblieben wären. Wegen der Landschaft – und der hier vorzüglich servierten Piemonteser Küche.

DAS HOTEL: Die Schauspielerin Eleonora Duse, auf Bühnen zwischen St. Petersburg und New York gefeiert; der Theologe Achille Ratti, 1922 zu Papst Pius XI. gewählt; Margarethe, Königin von Italien – sie alle verbrachten zu Beginn des 20. Jahrhunderts hier ihre Sommerfrische. Die prominenten Gäste wurden nicht anders behandelt als die zahlreichen Bergsteiger, die das Hotel als Stützpunkt wählten. Bis heute ist man als wandernder Rucksack-Tourist gern gesehen. Vielleicht darf man sich sogar im originalgetreu eingerichteten Zimmer der Duse, einem von fünf, frisch machen. Der golden gerahmte Spiegel darin ist jedenfalls groß genug.

8 VALLOUISE

Dauphiné, Frankreich

Chalet Hotel d'Ailefroide, *Ailefroide, Pelvoux, Tel. 0033-492/23 32 01, www.chalethotel-ailefroide.com; HP ab 49 € p. P.*

DAS TAL: Bis zu 300 Sonnentage wären eigentlich schon Grund genug, Ailefroide am Eingang des Parc National des Ecrins zu besuchen. Doch mehr noch: Der Talschluss in der Dauphiné gehört zu den spektakulärsten der Alpen. Nirgendwo sonst erheben sich aus einer brettebenen Fläche so unmittelbar Berge, die über (Barre des Ecrins, 4102 m) oder knapp unter (La Meije, 3983 m) die Viertausendmetermarke wachsen.

DAS HOTEL: Das Chalet Hotel d'Ailefroide ist alt – 1896 wurde es erbaut. Erfrischend jung dagegen ist seine Küche, denn Chefkoch Loïc Regnier vereint herzhafte Gerichte wie den traditionellen Kartoffelauflauf Tartiflette mit Elementen der Haute Cuisine. Serviert werden seine Speisen im Sommer auf grüner Wiese, im Schatten von Lärchen und Ahorn. Da bliebe man nach dem Nachtisch gern sitzen. Doch leider wird es auf 1500 Meter Höhe auch an Sommerabenden empfindlich kühl. Rechtzeitig zu den Frühstückscroissants scheint aber wieder die Sonne in den Garten.

Über zwei Jahrhunderte vom Alltag entfernt: das Hotel Rosenlaui

Wo Zivilisationsmüde hellwach werden: Rosenlauigletscher und Wellhorn

9 ROSENLAUITAL

Berner Oberland, Schweiz

Hotel Rosenlaui, *Rosenlaui, Tel. 0041-33/971 29 12, www.rosenlaui.ch, Mai–Okt.; HP ab 75 € p. P., Wanderer ab 57 € p. P.*

DAS TAL: Es stimmt schon, die Szenerie ist zum Sterben schön und von fast vollendeter Harmonie. Majestätisch wird sie durch die Gebirgskulisse von Rosenlauigletscher, den jäh auftragenden Felszacken des Wellhorns über die Eispyramide des Wetterhorns bis zum Pass der Großen Scheidegg. Aber man muss es nicht gleich wie Sherlock Holmes, der beim Kampf mit einem Widersacher in die nahen Reichenbachfälle stürzt, zum Äußersten treiben. Denn dann entgeht einem das, was zivilisationsmüde Menschen seit über 200 Jahren in diese Bergwelt zieht.

DAS HOTEL: Nun gut, die Toiletten im Rosenlaui sind auf dem Flur. Aber das ist auch die einzige Vorgestrigkeit in einem Haus aus dem 18. Jahrhundert, die Abstriche in der B-Note nötig macht. Alle anderen fehlenden Selbstverständlichkeiten (der Verzicht auf Internet, TV, Radio, Mobiltelefon) verstärken das Gefühl der Entschleunigung nur. Gäbe es in den knarzig-urigen Zimmern Wanduhren, sie würden garantiert langsamer gehen. Attraktion: auf dem Balkon sitzen und starren – in die rabenschwarze Nacht.

10 VAL DI COGNE

Aostatal, Italien

Hotel du Grand Paradis & Spa La Baita, *Via Dottor Grappein 45, Cogne, Tel. 0039-165/742 75, www.cognevacanze.com; HP ab 65 € p. P.*

DAS TAL: Es beginnt hinter dem Hausberg Aostas, dem Monte Emilius. Einst Abbaugebiet von Eisenerz, glänzt es längst aus anderem Grund: als Teil des ältesten Nationalparks Italiens, des Gran Paradiso, einem Mosaik aus Wiesen, Wäldern, Wasserfällen, Graden und Gletschern, das von 800 Metern (vom Talboden) bis auf 4061 Meter (zum Gipfel des Gran Paradiso) reicht.
DAS HOTEL: Höhepunkt einer Übernachtung ist hier eindeutig der Besuch des Spa La Baita: Jacuzzi, Lichtduschen, Türkisches Bad und ein Mini-Swimmingpool in Berghof-Atmosphäre. Es lässt sich ab 70 € exklusiv mieten. Die eher kleinen, sorgfältig eingerichteten Zimmer erinnern an die Zeit, als das Hotel noch erstes und einziges Haus am Platz war. →

DIE ALPEN IM NETZ

www.alpine-auskunft.de, www.bergsteigen.at –> Forum, www.bergtour.ch –> Gipfelbuch Portale für aktuelle Tourenverhältnisse, auf denen man sich zeitnah über die Bedingungen am Berg informieren kann.
www.alpenverein.de Der Internetauftritt des Deutschen Alpenvereins informiert unter anderem darüber, welche Sektion am eigenen Wohnort aktiv ist. Wissenswertes in deutscher Sprache über Hütten, Wege, Wetter und Veranstaltungen gibt es auch vom Österreichischen Alpenverein *(www.alpenverein.at)*, Schweizer Alpen-Club *(www.sac.ch)* und Alpenverein Südtirol *(www.alpenverein.it)*.
www.dav-huettensuche.de Ein Verzeichnis aller Alpenvereinshütten in den Ostalpen. Ausgefeiltes Suchsystem, mit dem man auch Ausgefallenes finden kann, etwa eine Selbstversorgerhütte mit Matratzenlager in den Lechtaler Alpen, von der aus man mit Kindern wandern kann.
www.kreiter.info/huetten Hier sind die Namen von 349 Schutzhütten im östlichen Alpenraum, deren Geschichte und die ihrer Namensgeber dokumentiert.
www.tourentipp.de Eine mit Herzblut erstellte und mit vielen Praxistipps angereicherte Informationsseite zu über 800 alpinen Wanderungen, Bergtouren und Klettersteigen.
www.tourenwelt.info Sammlung von Hütten weltweit, in der auch Informationen über viele Alpenhütten zu finden sind.

WEGWEISER ZUR HOCHKULTUR

Sie sind nicht nur etwas für Regentage. Sechs Museen, die bei aller Unterschiedlichkeit eines gemeinsam haben: Berge als schönstes Ausstellungsstück

Thront auf dem Monte Rite: das Messner-Mountain-Museum Dolomites

❶ FRANZ MARC MUSEUM

Franz-Marc-Park 8–10, Kochel am See, Tel. 08851/92 48 80, www.franz-marc-museum.de

Einen Schicksalsort für sein Leben und Werk hat Franz Marc das oberbayerische Kochel am See einst genannt. Gern flüchtete der Mitbegründer der legendären Künstlergruppe Der Blaue Reiter in die Abgeschiedenheit zwischen Zwiebeltürmen, Wasser und Alpen, wo er Inspiration für seine Bilder fand: die berühmten blauen Pferde, gelben Kühe, roten Rehe. Heute besitzt Kochel ein kleines, hochkarätiges Museum für die klassische Moderne: Marc, Macke, Klee, Kirchner, Kandinsky werden ausgestellt. Und doch ist das Beste am Haus nicht der Blick in die Kunstgeschichte, sondern jener durch die großen Panoramafenster: über den See hinauf zum Berg. Seit April 2010 ist das Museum auch per Schiff zu erreichen, erstmals fährt Boot „Herzogstand" der Motorschifffahrt Kochelsee die neue Anlegestelle „Franz Marc Museum" an. Höhepunkt: Die Sonderausstellung „Paul Klee – Franz Marc, Dialog in Bildern" vom 27. Juni bis zum 3. Oktober 2010.

❷ MESSNER MOUNTAIN MUSEUM DOLOMITES

Monte Rite, Cibiana di Cadore Tel. 0039-435/89 09 96, www.messner-mountain-museum.it

Er ist der berühmteste Bergsteiger der Gegenwart, stand auf 14 Achttausendern. Eine besondere Herausforderung aber, sagt Reinhold Messner, waren die Museen, die er in Südtirol und Venetien geschaffen hat: Dolomites, Firmian, Juval, Ortles – ab Herbst 2010 auch Ripa. Die MMM nennt er seinen 15. Achttausender. Keine Sorge: Es sind keine Hallen der Selbstbeweihräucherung. Im Mittelpunkt steht der Berg, und steht das, was Berge für Menschen bedeuten. Denn ob im Expeditionskeller auf der von Messner bewohnten Burg am Eingang des Schnalstals (Juval) oder im Glasbau auf dem Monte Rite in den Dolomiten (Dolomites) – aus den Exponaten spricht immer die Liebe zu den Bergen. Jedes Museum ist einer ihrer Facetten gewidmet.

❸ MUSÉE DES CRISTAUX

615 allée du Recteur Payot, Chamonix; Tel. 0033-4/50 55 53 93, www.chamonix-mont-blanc.fr/animationculture/site_museecristaux

Hier strahlen 420 der schönsten Kristalle. Die meisten Fundstücke stammen vom nahen Mont Blanc, aber auch Steine aus den Südalpen, dem Gotthardmassiv sowie vom Himalaya, aus Norwegen, Namibia und dem Ural sind darunter. Eine Besonderheit des Museums, das selbst aussieht wie eine Felsspalte: die liebevolle Aufbereitung durch den Mineralogieverein Chamonix. So werden auch die Finder der Steine vorgestellt – und ihre dramatischen bis lustigen Geschichten.

❹ MUSEUM LADIN

Ćiastel de Tor, Torstr. 65, St. Martin in Thurn, Tel. 0039-474/52 40 20, www.museumladin.it

Zugegeben, für Fremde ist der Status Ladiniens nur schwer zu verstehen. Viele Deutsche sind bereits stolz, wenn sie Südtirol als deutsche Sprachinsel im Staat Italien identifizieren. Aber dass gerade dort noch eine andere Minderheit lebt wie eine winzige russische Puppe in der anderen, das wissen sogar manche Stammgäste nicht. Ändern soll das ein Museum in einem mittelalterlichen Kastell – ohne viele Schaukasten-Exponate, dafür mit multimedial aufbereiteten Erkenntnissen über Geschichte, Brauchtum, Sprache und Wirtschaft der Region. Höhepunkte: Nachmittage, an denen sich das ohnehin schon familienfreundliche Museeum noch familienfreundlicher gibt. Termine auf Anfrage.

❺ SEGANTINI MUSEUM

Via Somplaz 30, St. Moritz, Tel. 0041-81/833 44 54, www.segantini-museum.ch

„Ich möchte meine Berge sehen", soll Giovanni Segantinis letzter Wunsch gewesen sein. Der große Maler der Schweizer Alpen verstarb mit nur 41 Jahren im Engadin, weil er trotz einer Bauchfellentzündung weiter an seinem berühmtesten Werk „Leben – Natur – Tod" arbeitete. In der Region fand er ideale Bedingungen: Die Höhenluft ließ Gegenstände besonders klar hervortreten. Licht und Kontraste fing Segantini durch die neue Technik des Divisionismus auf der Leinwand ein, dem Nebeneinander feinster Pinselstriche. Sie machte ihn zum Erneuerer der Bergmalerei, obwohl er sich auf traditionelle Motive beschränkte. Im Unterschied zu den sonst eher düsteren, fast bedrohlich wirkenden Alpenbildern strahlen seine Werke – was in der lichtdurchfluteten Kuppel des Museums besonders gut zu Geltung kommt.

❻ SÜDTIROLER ARCHÄOLOGIEMUSEUM

Museumstr. 43, Bozen Tel. 0039-471/32 01 00, www.archaeologiemuseum.it/de

Das gedämpfte, gefilterte Licht im Südtiroler Archäologiemuseum verstärkt das Gefühl, etwas Besonderes zu sehen: den wohl berühmtesten Bewohner der Alpen. Eine dünne Eisschicht schimmert auf seiner Haut. Ötzi wird bei minus 6 Grad Celsius und 98 Prozent Luftfeuchtigkeit aufbewahrt; die Gletschermumie soll weiterhin so gut erhalten bleiben wie in den vergangenen 5200 Jahren im Eis der Ötztaler Alpen. Ihrer Entdeckung am 19. September 1991 folgte ein heftiger Streit: Gehört der Mann aus dem Eis, der – eine Sensation! – samt Kleidern, Schuhen, Beil und Bogen gefunden worden war, Österreich oder Italien? Erst Nachmessungen und ein Gerichtsprozess ergaben, dass Ötzi Südtiroler war. Die multimediale Ausstellung ordnet den Fund historisch und regional ein, und wer sie gegen den Strom der anderen Besucher durchwandert, reist vom frühen Mittelalter in die Vergangenheit und hat Ötzi als Höhepunkt zum Schluss. ■

Kennen in den Alpen zwar nicht jeden Stein, aber nahezu jeden Berg: ***Tom Dauer***, ***Ralf Gantzhorn***, ***Mark Zahel***. *Sie haben diesen Serviceteil zusammengestellt.*

Führt im Südtiroler Archäologiemuseum ein Leben nach dem Tod: Ötzi

WIEN über 1000000 Einw.
Trient 100000–1000000 Einw.
Bozen 50000–100000 Einw.
Meran 20000–50000 Einw.
Davos 10000–20000 Einw.
Bodio unter 10000 Einw.
Hochsommer-Märchen (ab Seite 72)
1–7 Höhepunkte (ab Seite 18 und Seite 125)
1–20 Service: Hütten (ab Seite 127)
1–10 Service: Täler und Hotels (ab Seite 134)
1–6 Service: Museen (ab Seite 138)
Mist & Gloria Seite 80 Themen in diesem Heft
Eisenbahn
Autobahn/Schnellstraße
Fernverkehrsstraße
Tunnel
Pass
0 50 km
Reutlingen
Ulm
Colmar
Rhein
Freiburg
Villingen-Schwenningen
Donau
Mülhausen
Belfort
Heimattrekking Seite 38
Friedrichshafen
Bodensee
Dijon
Basel
Besançon
Winterthur
Aare
Schweizer Jura
Zürich
Zürichsee
Sankt Gallen
Allgäuer
Kanisfluh
LIECHTENSTEIN
Vaduz
Chalon-sur-Saône
Neuenburger See
Bern
Luzern
Vierwaldstätter See
SCHWEIZ
Mist & Gloria Seite 80
Französischer Jura
Glarner Alpen
Erstfeld
Tödi 3614 m
Chur
Davos
Thuner See
Brienzer See
Grindelwald
Lausanne
Saône
FRANKREICH
Genfer See
Eigernordwand
Eiger 3970 m
Berner Alpen
Gletsch
Vorderrhein
Gotthard-Basistunnel
Rätische
Jungfrau 4158 m
Finsteraarhorn 4274 m
Lepontinische
Hinterrhein
St. Moritz
Inn
Engadin
Genf
Wen der Berg ruft Seite 56
Wallis
Rhone
Bodio
Julierpass 2284 m
Alpen
Simplon-Pass 2005 m
Alpen
Savoyer Alpen
Walliser Alpen
Domodossola
Valle Maggia
Piz Bernina 4049 m
Lyon
Chamonix
Zermatt
Bellinzona
Adda
Matterhorn 4478 m
Monte Rosa
Val Grande
Lugano
Veltlin
Saint-Étienne
Mont Blanc 4810 m
Dufourspitze 4634 m
Comer See
3052 m
Lago Maggiore
Bergamasker Alpen
Zurück zur Natur Seite 94
Como
Varese
Isère
Grajische Alpen
Dora Baltea
Oglio
Bergamo
Col de l'Iseran 2770 m
Gran Paradiso 4061 m
Busto Arsizio
Monza
Iseosee
Grenoble
Col du Mont Cenis 2083 m
Novara
Mailand
Brescia
Dauphiné-Voralpen
Dauphiné Alpen
Ticino
Turin
Pavia
Ecrins 4102 m
Oglio
Po
Cremona
Asti
Pinerolo
Alessandria
Piacenza
Cottische Alpen
Tanaro
Rhone
Mit Sense und Gabel Seite 86
Monte Viso 3841 m
Parma
Durance
Provenzalische
Barcelonnette
Burg von Canossa
Cuneo
Genua
Seealpen
Provenzalische Alpen
Avignon
Monte Argentera 3297 m
Savona
Nîmes
Arles
Provenzalische Voralpen
Ligurische Alpen
Golf von Genua
Durance
Carrara
La Spezia
Aix-en-Provence
San Remo
Massa
MONACO
Nizza
Lucca
Viareggio
Cannes
Marseille
Pisa
Livorno
Toulon
Ligurisches Meer
GEO-Grafik

DEUTSCHLAND
ÖSTERREICH
SLOWENIEN
KROATIEN
UNGARN
ITALIEN
BOSNIEN UND HERZEGOWINA
SAN MARINO
Dokumente von Leiden und Leidenschaft
Seite 64
Archiv des deutschen Alpenvereins
Mit Sense und Gabel
Seite 86
Interview
Seite 144
Mit Sense und Gabel
Seite 86
Wen der Berg ruft
Seite 56
Der will nur spielen
Seite 102
Landshut
Augsburg
Passau
Linz
Wels
St. Pölten
WIEN
Bratislava
MÜNCHEN
Rosenheim
Chiemsee
Salzburg
Kempten
Blomberg
Bad Tölz
Gaißach
Oberammergau
Garmisch-Partenkirchen
Bayerische Alpen
Wilder Kaiser
2344 m
Kufstein
Kitzbühel
Berchtesgaden
Salzburger Alpen
Watzmann
2713 m
Hoher Dachstein
2995 m
Irg-Steig
Salzkammergut
Österreichische Voralpen
Semmering-Pass
984 m
Neusiedler-See
Sopron
Zugspitze
2962 m
Alpen
Karwendel
Tirol
Kitzbüheler Alpen
Innsbruck
Niedere Tauern
Steirisches Randgeb.
Szombathely
Zillertaler Alpen
Brandberg
Hohe Tauern
Großglockner
3798 m
Hochgolling
2863 m
Strumerhof
Pfitscher Joch
Rein i. T.
Rieserferner
Brennerpass
1374 m
Ötztaler Alpen
3768 m
Reschenpass 1504 m
Ötztal
Timmelsjoch
Walten
Meran
Vinschgau
Südtirol
Eisack
Eisenhut
2441 m
Gurktaler Alpen
Mur
Graz
Zalaegerszeg
Drau
Gailtaler Alpen
Drei Zinnen
2999 m
Villach
Klagenfurt
Maribor
Nagykanizsa
Langkofel
3181 m
Sella 3151 m
Seiser Alm
Bozen
Vajolet-Türme
2821 m
Ortler
3905 m
Marmolada
3343 m
Karnische Alpen
Gail
Karawanken
Mojstrana
Triglav
2863 m
Grintovec
2558 m
Julische Alpen
Dolomiten
Etsch
Trient
Belluno
Venezianer Voralpen
Tagliamento
Udine
Ljubljana
Save
Pordenone
Zagreb
Gardasee
Piave
Treviso
Vicenza
Verona
Triest
Golf von Triest
Altino (Altinum)
Padua
Venedig
Chioggia
Rijeka
Karlovac
Rovigo
Po
Ferrara
Pula
Modena
Bologna
Ravenna
Imola
Bihać
Banja Luka
Adriatisches Meer
Forlì
Cesena
Rimini
Zadar
Prato
Florenz
Pesaro
Fano
Ancona
Arezzo
Siena
Split
Donau
Inn
Lech
Isar
Salzach
Traun
Enns
Salza
Leitha
Drau
Mur

LESERBRIEFE

GEO Special Ruhrgebiet (6/09)

Ich bin enttäuscht und wütend: Das GEO Special zum Thema Ruhrgebiet und Kulturhauptstadt muss in einer so minimalen Auflage herausgekommen sein, dass die Hefte in Essen überall schon nach einer Woche vergriffen waren. Das Heft war rundum toll, aber ich frage mich, wer in der GEO-Redaktion die Auflagenstärke plant. Ich als Privatmensch hätte allein 20 bis 30 Hefte dieser Ausgabe gebraucht, um Werbung für das Ruhrgebiet zu machen.

— GERO SCHNEIDER

Wir freuen uns über das große Interesse. Das Heft wird inzwischen nachgedruckt und ist auch unter www.geowebshop.de wieder erhältlich.

Die Redaktion

Zu Ihrer Special-Ausgabe über das Ruhrgebiet möchte ich Ihnen als gebürtiger Dortmunder gratulieren. Ich finde sie interessant und habe noch einige Dinge dazulernen können.

— DANIEL GEMBRIS

GEO Special Schweden (2/09)

Ich habe die Schweden-Ausgabe vor mir liegen. Allet janz doll so weit. Auf Seite 22/23 heißt es, man könne Rentiere im Stora-Sjöfallet-Nationalpark mieten. Allerdings habe ich jetzt das Heft hoch und runter gelesen und vorsichtshalber auch noch durchgeschüttelt, aber keine weiteren Informationen finden können. Auch das Internet gibt leider nicht viel her. Können Sie mir helfen? — SVEN EHRLICH

Natürlich. Die Touren mit Rentieren bietet Lennart Pittja an: Tel. 0046-70/688 15 77, www.pathfinderlapland.se/company.htm. *Die Redaktion*

Ausgezeichnet

GEO Special Tschechien (4/2009) wurde von der Tschechischen Zentrale für Tourismus als beste Publikation des Jahres 2009 mit dem „CzechTourism Deutschland Award" bedacht.

GEOSpecial

Gruner + Jahr AG & Co KG, Druck- und Verlagshaus,
Am Baumwall 11, 20459 Hamburg.
Postanschrift für Verlag und Redaktion:
Brieffach 24, 20444 Hamburg, Telefon 040/37 03-0, Telefax 040/37 03 56 48.
E-Mail: briefe@geo.de; Internet: www.GEO.de

CHEFREDAKTEUR: Peter-Matthias Gaede
GESCHÄFTSFÜHRENDE REDAKTEURE:
Meike Kirsch (Redaktionsleitung),
Ruth Eichhorn (Fotografie), Jutta Krüger (Art Direction)
ART DIRECTION: Beate Meding
CHEFS VOM DIENST: Antje Wischow; Rainer Droste (Technik)
TEXTREDAKTION: Kirsten Bertrand, Ariel Hauptmeier, Markus Wolff,
freie Mitarbeit: Tom Dauer (Heftkonzept)
BILDREDAKTION: Markus Seewald, Anja Jöckel,
freie Mitarbeit: Leonie Baumeister, Gesche Jäger
VERIFIKATION: Tobias Hamelmann (freie Mitarbeit), Andrea-Rebecca Flörke
KARTOGRAPHIE: Thomas Wachter, Rainer Droste
SCHLUSSREDAKTION: Antje Wischow
SEKRETARIAT: Maren Heidorn, Elke Rehländer-Stöhr, Hella Strepp
BILDSEKRETARIAT: Doris Paulini
HONORARE/SPESEN: Angelika Györffy
BILDADMINISTRATION UND -TECHNIK: Stefan Bruhn
MITARBEITER DIESER AUSGABE: Dr. Susmita Arp, Berit Brandes, Tom Dauer, Thomas Dugaro, Ralf Gantzhorn, Lisa Hemmerich, Fabian Klask, Nadja Klinger, Erwin Koch, Barbara Lich, Maria Rossbauer, Veronica Straaß, Katja Trippel, Hanne Tügel, Lorenz Wagner, Sarah Wiener, Marc Zahel
VERANTWORTLICH FÜR DEN REDAKTIONELLEN INHALT:
Peter-Matthias Gaede

REDAKTIONSBÜRO NEW YORK: 535 Fifth Avenue, 29th floor,
New York, NY 10017

VERLAGSLEITUNG: Dr. Gerd Brüne, Thomas Lindner
ANZEIGENLEITUNG: Martina Hoss
GESAMTANZEIGENLEITUNG: Helma Spieker
VERTRIEBSLEITUNG: Ulrike Klemmer/DPV Deutscher Pressevertrieb
MARKETING: Antje Schlünder (Ltg.), Patricia Korrell
HERSTELLUNG: Oliver Fehling

ANZEIGENABTEILUNG
Anzeigenverkauf: Tanja Dymala, Tel. 040/37 03 29 10, Fax 040/37 03 17 29 10
Anzeigendisposition: Anja Mordhorst, Tel. 040/37 03 23 38, Fax 040/37 03 58 87
Es gilt die Anzeigenpreisliste Nr. 37 vom 1. Januar 2010
Bankverbindung: Deutsche Bank AG Hamburg,
Konto 0322800, BLZ 200 700 00
Druck: Prinovis Itzehoe GmbH

GEO ist auf Papier gedruckt, das aus einem Drittel – ausschließlich chlorfrei gebleichtem – Zellstoff, aus einem Drittel Durchforstungsholz und einem Drittel Altpapier hergestellt ist. Printed in Germany

GEO Special (USPS no 0014523) is published Bi-monthly by GRUNER + JAHR AG & CO. Subscription price for USA is $ 60 per annum. K.O.P.: German Language Pub., 153 S Dean St, Englewood NJ 07631. Periodicals Postage is paid at Englewood NJ 07631 and additional mailing offices. Postmaster: Send Address changes to: GEO Special, GLP, PO Box 9868, Englewood NJ 07631.

GEO-SPECIAL-LESERSERVICE

Fragen an die Redaktion

Telefon: 040/37 03 20 73, Telefax: 040/37 03 56 48, E-Mail: briefe@geo.de

ABONNEMENT- UND EINZELHEFTBESTELLUNG

Abonnement Deutschland, Heftpreis im Abonnement: 6,95 €

- *Bestellungen:* DPV Deutscher Pressevertrieb, GEO-Kundenservice, 20080 Hamburg, Telefon: 01805/861 80 01*
- *Kundenservice allgemein* (persönlich erreichbar)
Mo bis Fr 7.30 bis 20.00 Uhr, Sa 9.00 bis 14.00 Uhr
Telefon: 01805/861 80 01*, Telefax: 01805/861 80 02*
24-Std.-Online-Kundenservice: www.MeinAbo.de/service

Abonnement Österreich, Heftpreis im Abonnement: 8,10 €

- *GEO-Special-Abonnentenservice,* Postfach 5, 6960 Wolfurt,
Telefon: 0820 / 00 10 85, Telefax: 0820 / 00 10 86
E-Mail: geo-special@abo-service.at

Abonnement Schweiz, Heftpreis im Abonnement: 13,60 sfr.

- *GEO-Special-Leserservice,* Postfach, 6002 Luzern
Telefon: 041/329 22 20, Telefax: 041/329 22 04
E-Mail: geo-special@leserservice.ch

Abonnement übriges Ausland, Heftpreis im Abonnement auf Anfrage

- *GEO-Special-Kundenservice,* Postfach, CH-6002 Luzern;
Telefon: 041/329 22 20, Telefax: 041/329 22 04
E-Mail: geo-special@leserservice.ch

BESTELLADRESSEN FÜR GEO-BÜCHER, GEO-KALENDER, SCHUBER ETC.

Deutschland

- *GEO-Versand-Service,* Werner-Haas-Straße 5, 74172 Neckarsulm,
Telefon: 01805/06 20 00*, Telefax: 01805/08 20 00*
E-Mail: service@guj.com

Schweiz

- *GEO-Versand-Service 50/001,* Postfach 1002, CH-1240 Genf 42

Österreich

- *GEO-Versand-Service 50/001,* Postfach 5000, A-1150 Wien

Bestellungen per Telefon und Fax für alle Länder

Telefon: 0049/1805-06 20 00, Telefax: 0049/1805-08 20 00
E-Mail: service@guj.com

ISBN 978-3-570-19919-0; 978-3-570-19667-1 (Heft mit DVD)
ISSN 0723-5194

*14 Cent/Min. aus dem deutschen Festnetz, Mobilfunkpreise können abweichen, maximal 42 Cent/Min.

Fotovermerke nach Seiten. *Anordnung im Layout: l. = links, r. = rechts, o. = oben, m. = Mitte, u. = unten*

TITEL: Michael Peuckert/mova/Interfoto

SEITE 5: GEO: o.; Marc Beckmann/Agentur Focus: m.; Sophie Henkelmann: r. u.; Ralf Gantzhorn: l. u.

SEITE 6: zero one film: l. o.; Georg Tappeiner.: r. o.; Andri Pol: r. u.; Andreas Strauß/Look-foto: l. u.

SEITE 7: Sophie Henkelmann: l. o.; Ulrike Myrzik und Manfred Jarisch: r. o.; Ingo Arndt: r. m. o.; SIAG Secure Infostore Ltd, Switzerland: r. m. u.; Georg Tappeiner: u.

KOMPASS: Stefano Amantini/Atlantide Phototravel/Corbis: 8; GEO: 9; Lothar Hinz/Bildmaschine.de: 10 o.; Sammlung Rauch/Interfoto: 10 m.; N. Benvie/Wildlife: 10 u.; Foto: Matthias Haupt, Food: Achim Ellmer, Styling: Michaela Suchy: 12/13; Helmut Müller: 14 l. o.; GEO: 14 r. o.; Martl Jung: 14 u.

HÖHEPUNKTE: Ralf Gantzhorn: 18/19, 26/27, Andreas Strauß/Look-foto: 20/21, 23, 24/25; Peter Mathis: 22; Othmar Seehauser/Suedtirolfoto/LOOK-foto: 28–30

ALPEN À LA KARTE: Thomas Wachter: 34–37

HEIMATTREKKING: Sophie Henkelmann: 38–44

UND SIE BEWEGEN SICH NOCH: Bernhard Edmaier: 46–55

WEN DER BERG RUFT: Yann Gross: 57 o., 58, 60 u., 61 o., 63; Georg Tappeiner: 57 u.; 59, 60 o.; 61 u.; 62

DOKUMENTE VON LEIDEN UND LEIDENSCHAFT: Markus Seewald/mit freundlicher Unterstützung des Historischen Alpenarchivs, München: 64–70; Anton Karg: 67 u., 69 m.

HOCHSOMMER-MÄRCHEN: Hans Huber/Westend61/Corbis: 72/73; Ashley Cooper/Corbis: 74; Andri Pol: 75; Engel & Gielen/LOOK-foto: 76/77; Helmuth Rier/Suedtirolfoto/Look-foto: 78

MIST & GLORIA: Andri Pol: 80/81

MIT SENSE UND GABEL: SIME/Schapowalow: 86, 89 r. u., 92 l. u.; zero one film: 87, 88, 90/91; Stefano Scata/Bildagentur Huber: 89 l. o.; Helmuth Rier: 89 r. o., 92 r. u.; Georg Tappeiner: 89 l. u.; Frieder Blickle/laif: 92 l. o.; Gloger/Joker/ullstein bild: 92 r. o.

ZURÜCK ZUR NATUR: Marc Beckmann/Agentur Focus: 94–101

DER WILL NUR SPIELEN: Ulrike Myrzik und Manfred Jarisch: 102–107

AUF DIE BERGE, FERTIG, LOS!: Grzegorz Lesniewski/Wild Wonders of Europe: 108/109; Rudolf Hofer: 111 o., 114 r. u.; Busse Yankushev/mauritius images: 111 u. l.; Richard Becker/FLPA/Minden Pictures: 111 u. r.; Ingo Arndt: 112/113; Andreas Strauß/Look-foto: 114 o. und l. u.

DOSSIER: The Stapleton Collection/bridgemanart.com: 117; Riedmiller/Caro: 118 l. o.; BPK: 118 r. o.; Reinhard Schultz/prisma: 118 u.; Georg Göbel/dpa/picture-alliance: 119 o.; Süddeutsche Zeitung Photo: 119 m. l.; Martin Ruetschi/Keystone Schweiz/laif: 119 m. r.; Sammlung Jakob Schuler: 119 u.; SIAG Secure Infostore Ltd, Switzerland: 120; Cinetext: 121 l.; Dirk von Nayhauß: 121 m.; Marcel Delahaye/Universitäre Psychiatrische Kliniken Basel: 121 r.; Frank Leonhardt/dpa/picture-alliance: 122; Standfoto aus dem Film „Nordwand", © 2008 Majestic Filmverleih: 123 o.; © 2008 Majestic Filmverleih: 123 m.; Sammlung Richter/Cinetext: 123 u.

SERVICE: Stéphanie Marie Couson: 125; C. H. Beck: 126 l. o.; AS-Verlag: 126 l. m.; Tyrolia: 126 l. u.; Rotpunktverlag: 126 r. o.; Bergverlag Rother: 126 r. m.; maximage: 126 r. u.; Oliver Raupach/mauritius-images: 127; Ralf Gantzhorn: 128, 129, 130; Manfred Witt/Visum: 134 o.; Martin Siepmann/mauritius-images: 134 u.; Gregor Lengler/laif: 135; Prisma: 136 o.; Patrick Frischknecht/Prisma: 136 u.; Georg Tappeiner: 138 o.; Andree Kaiser/South Tyrol Museum of Archaeology: 138 u.

VORSCHAU: David Noton: 143 o.; Chris James/Epicscotland: 143 l. u.; SIME/Schapowalow: 143 r. u.

INTERVIEW: Florian Jaenicke: 144

KARTEN/ILLUSTRATIONEN: Kompass-Karten GmbH: 31–33, Thoams Wachter: 40, 97, 132–133, 140/141; illuteam43: 122

SCHOTTLAND

GANZ GROSSES KINO: Die schönsten Landschaften Schottlands – und in welchen Filmen sie die Hauptrolle spielten. **SCHOTTLAND ZU SCHOTTENPREISEN:** Gut und günstig durch ein Land, das vielen zur lebenslangen Leidenschaft wird. **EDINBURGH:** Auf den Spuren von Joanne K. Rowling, Robert Louis Stevenson und Sir Walter Scott durch die Hauptstadt. **GLASGOW EAST:** In den Gettos am Clyde. **DIE SCHOTTISCHE REVOLUTION:** Bei Dudelsack-Rockern, milliardenschweren Schotten und unkonventionellen Kilt-Schneidern. **AUS DEM LEBEN EINES CLANCHEFS:** Wie es ist, mit dem Chief der MacGregor's verheiratet zu sein? **LOCH NESS:** Mit dem Hausboot durch Nessies Heimat. **GEISTREICHE UNTERKÜNFTE:** Wo Sie mit liebenswürdigen Hausgeistern wohnen.

Hauptattraktion Landschaft: Old Man of Storr auf der Isle of Skye. Hauptsache anders: die Red Hot Chilli Pipers. Hauptstadt: Edinburgh

▶ DIE ZULETZT ERSCHIENENEN AUSGABEN:

5/2009

6/2009

1/2010

▶ DIE FOLGENDEN AUSGABEN:

- Paris
- Peru und Bolivien
- Himalaya

DAS GEO SPECIAL SCHOTTLAND
ERSCHEINT AM 2. JUNI 2010

Wie lebt es sich eigentlich als …

… Wilde Kaiserin?

SILVIA HUBER, 46, herrscht über das Hans-Berger-Haus im Tiroler Kaisergebirge. Und hilft als resolute Hüttenwirtin Frauen beim Aufstieg am Berg – und auch im Leben

Frau Huber, man nennt Sie auch die „Wilde Kaiserin". Haben Sie höchstselbst einen Anteil an diesem Titel?
Ach wo, ich wollte mich nicht erheben. Aber vor ungefähr zehn Jahren habe ich ein Programm für Frauen in den Bergen ins Leben gerufen. Dafür suchte ich einen Namen. Und „Wilde Kaiserin" lag einfach nahe, schließlich wohne ich am Wilden Kaiser – im Kaisergebirge.
Und dann nannte man Sie plötzlich Majestät?
Geh', die meisten sagen weiter Huberin zu mir. Aber als das Programm bekannter wurde, sprachen mich manche Leute tatsächlich mit „Kaiserin" an. Allerdings oft ein wenig boshaft gemeint. Da dachte ich mir: Jetzt erst recht. Und habe orangefarbene Leiberl drucken lassen, mit der Aufschrift „Wilde Kaiserin".
Diese tragen nun auch die Teilnehmerinnen Ihres Frauen-Projektes. Warum muss es das eigentlich geben?
Frauen haben einfach ein tieferes Naturempfinden. Sehen Sie, ich bin im Kaisertal groß geworden und schon früh geklettert. Meine Kletterpartner waren fast ausschließlich Männer. Und die haben alles immer in Zeit gemessen. Es ging rauf auf den Berg, wieder runter! Zack, zack! Ich bin zwar hinterhergekommen, hatte aber nie Zeit zum Verschnaufen oder um ein Blümchen zu betrachten. Die Männer rennen eben erst wie blöd durch den Alltag, dann auf den Berg, und das dreimal pro Woche. So übertragen sie das Leistungsdenken auch noch in die Alpen.
Was bieten Sie dagegen den Wilden Kaiserinnen in spe?
Es gibt das „g'spürige Frauenwochenende". Da wandert dann auch eine Heilpflanzenbotanikerin mit den Frauen und erklärt in Ruhe die Bergpflanzen, das Knabenkraut etwa, das nicht umsonst so heißt: Gut für Männer, weil es potenzfördernd wirkt. Außerdem bieten wir Kletterkurse für mehr Selbstbewusstsein an. Mit Bergführern, die echte Frauenversteher sind. Und auch noch Rhetorik- und Schreibseminare. Sogar einen für Männer, damit die sich nicht beschweren.
Und wie ist es um Ihren eigenen Mann bestellt? Steht der regelmäßig am Herd?
Naa, der darf nur spülen. Im Ernst: Ich empfinde das nicht als negativ. Er ist Steuerberater, das ist sein Job. Ich bin Hüttenwirtin, das ist mein Job. Aber insgesamt ist er ein moderner Mann – sonst wäre er nicht mein Lebensgefährte.
Gibt es Kritiker Ihres Programms?
Na, sicher! Manche würden mich wohl am liebsten verbrennen. In Österreich sind viele Leute stinkkonservativ. Manche lästern dann halt: Ach, da oben im Hans-Berger-Haus, da herrschen die Weiber …

DIE FRAGEN STELLTE BARBARA LICH

Aufsteigerin auf ganzer Linie: Hüttenwirtin Silvia Huber punktet mit unkonventionellen Ideen – und klettert Touren mit hohem Schwierigkeitsgrad